피니어스 게이지, 머리에 구멍이 뚫린 사나이.
철도 건설 현장의 작업반장이던 피니어스는
1848년 미국 버몬트 주 캐번디시 근처에서 사고를 당했다.
6킬로그램짜리 쇠막대가 머리를 관통한 것이다.
그러나 피니어스는 기적처럼 목숨을 건졌고, 그 뒤로 11년이나
더 살면서 뇌 과학계의 교과서 같은 존재가 되었다.
당시 피니어스는 완전히 회복한 것처럼 보였다.
하지만 피니어스는 달라졌다.
사고가 일어나기 전에는 믿음직하고 인기가 많은 사람이었지만
사고 후에 무례하고 종잡을 수 없는 사람으로 변했다.
도대체 피니어스의 머릿속에서는 무슨 변화가 일어났을까.
그것을 알 수 있다면 뇌에 대해 많은 사실을 알 수 있을 것이다.
뇌가 어떻게 활동하고, 나를 나답게 하는 것이 무엇인지를.

쇠막대가 머리를 뚫고 간 사나이

뇌 과학의 역사를 뒤흔든 피니어스 게이지 사건

쇠막대가 머리를 뚫고 간 사나이

뇌 과학의 역사를 뒤흔든 피니어스 게이지 사건

존 플라이슈만 글 | 햇살과나무꾼 옮김 | 최훈동(서울대학교 의과대학 겸임교수) 감수

논장

늘 그렇듯 메리에게

지식은 내 친구 001
쇠막대가 머리를 뚫고 간 사나이
뇌 과학의 역사를 뒤흔든 피니어스 게이지 사건

초판 5쇄 2020년 11월 10일 | **초판 1쇄** 2011년 7월 5일
지은이 존 플라이슈만 | **옮긴이** 햇살과나무꾼
펴낸이 박강희 | **펴낸곳** 도서출판 논장 | **등록** 제10-172호·1987년 12월 18일
주소 10881 경기도 파주시 회동길 329 **전화** 031-955-9164 **전송** 031-955-9167
제조국명 대한민국 | **사용연령** 8세 이상 | **주의사항** 종이에 베이거나 긁히지 않도록 조심하세요.
ISBN 978-89-8414-135-3 73470

PHINEAS GAGE: A GRUESOME BUT TRUE STORY ABOUT BRAIN SCIENCE by John Fleischman
Copyright © 2002 by John Fleischman
All rights reserved.
This Korean edition was published by Nonjang Publishing Company in 2011 by special arrangement with Houghton Mifflin Harcourt Publishing Company through KCC(Korea Copyright Center Inc.), Seoul.

이 책의 한국어판 저작권은 (주)한국저작권센터(KCC)를 통해 저작권자와 독점 계약한 논장에 있습니다.
저작권법에 의해 한국 내에서 보호를 받는 저작물이므로 무단 전재와 복제를 금합니다.

· 잘못 만들어진 책은 구입하신 서점에서 바꾸어 드립니다.　· 책값은 뒤표지에 있습니다.

감사의 말

작업을 시작할 시간과 장소를 마련해 준 팀 클라크에게. 원고를 검토해 준 로버트 프레스버그 박사, 바버라 스콜닉 박사, 제프리 매클리스 박사에게. 해부학적 전문성은 이분들 덕분이고, 모든 오류는 작가 책임이다. 여러모로 도움을 준 하버드 의과대학 카운트웨이 의학 도서관의 버지니아 헌트에게. 피니어스에게 계속 관심을 쏟은 캐번디시 상업회의소의 데니스 나탈레 박사에게. 로버트 훅의 벼룩과 세포 사진을 쓰도록 허락해 준 조지프 골 박사와 미국 세포생물학회 여러분에게. 누구보다 피니어스 게이지를 잘 아는 호주 디킨 대학교의 맬컴 맥밀런 박사에게. 그리고 처음 원고를 보고도 놀라지 않았던 에이미 플린에게.

일러두기

- 이 책에 나오는 의학 용어 표기는 브리태니커 백과사전을 따랐습니다.

차례

감사의 말 — 7

버몬트에서 일어난 '끔찍한 사고' — 11

생각을 생각하다 — 37

피니어스 게이지를 따라 — 61

피니어스를 다시 보다 — 87

낱말 풀이 — 100

참고 자료 — 103

옮긴이의 말 — 104

감수의 글 — 107

찾아보기 — 108

버몬트에서 일어난 '끔찍한 사고'

피니어스 게이지의 일생에서 가장 운이 나빴던, 어쩌면 가장 운이 좋았을지도 모르는 순간은 1848년 9월 13일, 오후 4시 30분 무렵에 찾아왔다. 피니어스는 철도 건설 현장의 작업반장이었는데, 미국 버몬트 주의 작은 마을인 캐번디시 근처에서 화강암을 발파해 선로를 놓을 길을 만들고 있었다. 피니어스는 스물여섯 살의 총각이었다. 키는 168센티미터로, 지금으로 치면 작은 편이지만 당시에는 평균 키였다. 피니어스는 손재주가 좋고 일꾼들과도 잘 어울렸다. 담당 의사의 말에 따르면 피니어스는 "무쇠 같은 몸에 무쇠 같은 의지를 지니고 있었다." 그런 피니어스가 끔찍한 사고를 당했다.

결국 피니어스는 그 사고 때문에 죽음을 맞이하지만, 그가 죽는 것은 사고가 일어난 지 11년여가 지난 뒤였다. 살아 있을 때, 피니어스는 완전히 건강을 되찾았다. 아니, 사고 전의 피니어스를 모르는 사람들은 그런 줄로만 알았다. 하지만 그의 오랜 친구와 가족들은 진실을 알고 있었다. 피니어스는 더 이상 예전의 피니어스가 아니었다. '성격'이 딴판으로 바뀌어 버렸기 때문이다. 사람들을 대하는 태도, 행동거지, 앞일을 계획하는 방식이 모조리 바뀌었다. 사고가 일어나고 오랜 시간이 흐른 뒤, 담당 의사는 피니어스의 사례를 의학 잡지에 실으면서 이렇게 적었다.

"피니어스 게이지는 더 이상 피니어스 게이지가 아니었다."

피니어스 게이지가 겪은 일은 전 세계에 알려졌다. 피니어스 자신은 유명인이 되어서 별로 좋을 것이 없었다. 하지만 심리학자나 의학 연구자, 의사, 특히 뇌 손상을 입은 사람들에게 피니어스 게이지는 꼭 알아야 할 사람이 되었다.

그 덕분에 우리는 피니어스에 관해 많은 사실을 알게 되었다. 사고가 일어나고 150여 년이 지난 지금도, 우리는 여전히 피니어스를 알아 가고 있다. 아직 우리가 모르는 사실도 많고, 아마 영원히 알아내지 못할 사실도 많을 것이다. 그 가운데서도 가장 중요한 질문은 가장 간단하면서도 가장 대답하기 어려운 것이다. 바로 '과연 피니어스는 운이 좋았을까, 나빴을까?'라는 질문이다. 아마 피니어스의 이야기를 듣고 나면 여러분 스스로 판단할 수 있을 것이다.

그럼 사건이 일어났던 철도 건설 공사 현장으로 가 보자.

1848년에는 사람의 힘으로 철도를 건설했다. 사람들은 불도저나 굴착기도 없이 버몬트 주의 그린 산맥을 뚫고 러틀랜드에서 벌링턴까지 길을 터서 철도를 놓았다. 일꾼들이 이용한 도구는 곡괭이와 삽, 바위에 구멍을 뚫는 드릴이 전부였다.

피니어스는 발파 작업 전문이었다. 그는 흑색 화약(질산칼륨과 황, 숯을 섞어 만든 검은색 화약. 맨 처음에 사용된 화약으로 19세기 중반까지 널리 쓰였음: 옮긴이)을 알맞게 재어 넣어 바위를 부수는 일을 했다. 화약을 재어 넣을 때는 발파 일꾼들이 쓰는 전문 도구인 '다짐 막대'를 썼다. 가끔씩 다짐 막대와 쇠지레를 혼동하는 사람들이 있는데, 둘은 서로 다른 일에 쓰는 도구이다. 쇠지레는 무거운 물건을 들거나 비틀어 여는 도구이고, 다짐 막대는 폭약을 재어 넣는 정밀한 작업에 쓰는 도구이다.

피니어스의 다짐 막대는 마을 대장장이에게 특별히 주문해서 만든 것이었다. 끝이 뾰족한 이 쇠막대는 길이가 1미터가 넘고 무게는 약 6킬로그램이나 나갔다. 마치 쇠로 만든 창 같았다. 밑동은 굵고 둥그스름하며 지름이 3센티미터쯤 됐다. 이 굵고 둥근 밑동으로 화약을 다져 넣었다. 가늘고 뾰족한 끝 부분은 화약에 구멍을 뚫어 도화선을 밀어 넣을 때 썼다. 피니어스의 다짐 막대는 아주 매끈했다. 대장장이가 매끈하게 만들어 준 데다 오랫동안 써서 반질반질하게 길이 들었기 때문이다.

피니어스는 크고 단단한 바위를 부수는 일을 했다. 바위가 부서지면 일꾼들이 부서진 바위를 들어내서 소달구지에 실어 옮겼다. 바위를 발파할 때는 맨 먼저 바위에 드릴로 구멍을 뚫어야 한다. 이때 화약을 낭비하지 않으려면 각도와 깊이를 정확히 재서 뚫어야 한다. 피니어스는 앞에서 구멍 뚫는 일꾼들이 일을 잘하고 있는지 온종일 눈을 떼지 않았다. 뒤에서 돌덩어리를 들어내는 일꾼들이 잘 따라오고 있는지도 감시해야 했다. 그러는 사이사이 조수와 함께 자칫하면 터져 버릴 수도 있는 폭약을 설치했다.

피니어스와 조수는 순서대로 일을 진행했다. 먼저 조수가 알갱이가 굵은 화약을 구멍 밑바닥에 깔아 '충전'을 하면, 피니어스가 다짐 막대의 뾰족한 끝으로 밧줄처럼 생긴 도화선을 화약 속에 살며시 밀어 넣었다. 그다음에 조수가 마개로 막듯이 보슬보슬한 모래로 구멍을 채워 틀어막았다. 그런 뒤에 피니어스가 화약이 위로 폭발하지 않고 아래로 폭발해 바위를 부수도록 모래를 단단히 다졌다. 조수가 구멍에 모래를 붓는 동안, 피니어스는 뾰족한 끝이 아래로 오게 들고 있던 다짐 막대를 빙그르르 돌려 모래를 다질 때 쓰는 둥근 끝이 아래로 오게 들었다.

흑색 화약은 다루기가 까다로웠다. 습기가 차면 아예 불이 붙지 않았고, 너무 건조하거나 배합을 잘못하면 살짝만 건드려도 갑자기 폭발했다. 하지만 피니어스와 조수는 이 일을 수천 번이나 해 왔다. 화약을 넣고, 도화선을 묻고, 모래를 붓고, 모래를 다진다. 그런 다음 조심하라고 소리치고, 도화선에 불을 붙이고는, 죽을힘을 다해 달리면 된다.

하지만 이번에는 뭔가 잘못되었다. 구멍에 모래를 붓지 않아 흑색 화약과 도화선이 구멍 밑바닥에 그대로 드러나 있었던 것이다. 조수가 깜빡한 것일까, 피니어스가 깜빡한 것일까? 사람들의 말은 엇갈렸다. 몇 미터 뒤에서는 일꾼들이 손으로 돌리는 기중기로 커다란 바위 덩어리를 들어 올리고 있었는데, 어떤 사람들은 피니어스가 다짐 막대에 살짝 기대 발파 구멍 위에 서 있었다고 했다. 또 다른 사람들은 피니어스가 무릎 사이에 다짐 막대를 느슨하게 끼우고 구멍 위쪽 바위 턱에 앉아 있었다고 했다.

하지만 그다음에 일어난 일에 대해서는 모두가 똑같이 말했다. 피니어스는 뭔가에 주의를 빼앗겼다. 자기를 부르는 소리를 들었던 것일까? 누군가 빈둥거리는 모습을 본 것일까? 이유가 무엇이든, 피니어스는 오른쪽 어깨 너머로 고개를 돌렸다. 그 순간 다짐 막대가 구멍 속으로 스르르 미끄러지며 굵은 밑동으로 화강암을 딱 내리쳤다. 불꽃이 번쩍 튀어 구멍 밑바닥에 고스란히 드러나 있던 발파용 화약에 불을 붙였다.

쾅! 총에서 총알이 발사되듯, 드릴로 뚫은 구멍에서 다짐 막대가 솟아올랐다. 다짐 막대는 날카로운 소리를 내며 하늘을 가르더니, 25미터를 날아가 철컹하고 요란한 소리를 내며 떨어졌다.

무슨 일이 벌어진 것일까. 우리가 피니어스의 머릿속에 들어가 아주 느린 화면으로 지켜본다고 상상해 보자. 다짐 막대의 뾰족한 끝이 왼쪽 광대뼈 밑으로 들어온다. 다짐 막대는 왼쪽 눈 뒤를 지나 뇌의 앞부분을 뚫고 앞머리 한가운데, 머리털이 자라는 선 바로 위로 빠져나간다. 실제로 다짐 막대가 광대뼈 밑에서 들어와 앞머리를 완전히 관통하는 데는 일 초도 걸리지 않았다.

그런데 놀랍게도, 피니어스는 살아 있었다. 다짐 막대의 힘에 밀려 뒤로 벌렁 쓰러졌다가, 일꾼들이 화약 연기를 헤치고 달려올 즈음에는 다시 일어나 앉았다. 조금 뒤에는 말도 했다. 피니어스는 이마에서 피를 철철 흘리며 폭발이 일

어났다고 이야기했다. 마을까지 그리 멀지는 않았지만, 일꾼들은 피니어스를 소달구지에 태워서 가야 한다고 고집했다.

일꾼들은 피니어스를 살며시 들어 올려 짐칸에 태우고는 다리를 쭉 뻗고 앉게 했다. 아일랜드 출신 일꾼 한 명이 말을 타고 먼저 의사에게 달려갔고, 덜컹거리는 소달구지 구급차는 800미터 정도 떨어진 캐번디시로 천천히 나아갔다. 흥분한 일꾼들이 다친 반장 옆에서 나란히 걸어갔다. 피니어스는 그때까지도 반장 일을 계속했다. 근무 시간 기록부를 달라고 소리치더니 마을로 가는 동안 기록을 했다.

그렇게 끔찍한 일을 겪었는데도 피니어스는 다른 사람의 도움 없이 혼자 달구지에서 내렸다. 그러고는 자기가 묵고 있던 캐번디시 여관의 계단을 올라가 여관 주인인 조지프 애덤스가 앉아 있는 현관에 걸터앉았다. 애덤스는 불과 몇 분 전에 아일랜드 일꾼 하나가 황급히 말을 몰고 와 마을 의사인 할로 박사를 소리쳐 부르는 모습을 보았다. 하지만 할로 박사가 없어서 그 일꾼은 옆 마을 의사인 윌리엄스 박사를 데리러 갔다. 그사이 피니어스는 여관 주인과 정답게 현관에 걸터앉아 무슨 일이 있었는지 들려주었다.

머리에 구멍이 뚫린 남자의 두상. 이 석고상은 피니어스 게이지가 보스턴에 갔을 때 만든 것으로, 사고 뒤 1년이 지나 '회복한' 피니어스의 모습을 정확하게 보여 준다. 이때 피니어스는 스물일곱 살이었다. 앞머리에 커다란 흉터가 보인다. 흉터 속을 자세히 보려면 84쪽의 두개골 사진을 볼 것. 석고 두상, 사진: 더그 민들, 하버드 의과대학 카운트웨이 의학 도서관 소장

사고가 일어난 지 30분쯤 뒤 에드워드 윌리엄스 박사가 마을에 왔을 때도 마찬가지였다. 피니어스는 윌리엄스 박사가 여관 현관 앞에 마차를 댈 때까지도 계속 이야기를 하고 있었다. 윌리엄스 박사가 마차에서 내리자 피니어스의 친구들과 동료들, 호기심 많은 마을 사람들이 우르르 몰려들었다. 피니어스는 무척 쾌활하게 "할 일이 많겠습니다, 의사 선생님." 하고 말했다.

윌리엄스 박사는 피니어스의 머리를 살펴보았다. 박사는 이 남자가 아직도 살아 있다는 사실이 믿기지 않았다. 마치 머리 속에서 뭔가가 튀어나오기라도 한 듯 머리뼈가 깨져 있었던 것이다. 윌리엄스 박사는 일꾼들에게 전후 사정을 들으려고 했다. 사고를 당한 사람은 충격을 받아 무슨 일이 일어났는지 잘 모르는 경우가 많기 때문이다. 하지만 피니어스는 자기가 이야기하겠다고 우겼다. 피니어스는 윌리엄스 박사에게 쇠로 만든 다짐 막대가 머리를 뚫고 지나갔다고 말했다.

윌리엄스 박사는 피니어스의 말을 믿지 않았다. 박사는 그때를 이렇게 기록했다.

"사람들이 게이지 씨를 속인 줄 알았다. 내가 게이지 씨에게 다짐 막대가 어

다행인지 불행인지, 다짐 막대가 가파른 각도로 지나갔다는 점이 아주 중요했다. 다짐 막대는 왼쪽 광대뼈 바로 밑으로 들어가 왼쪽 눈알 뒤를 지나 전두엽으로 올라갔다. 거기서 대뇌 피질의 두 반구 사이를 뚫고 앞머리로 나왔다. 다짐 막대가 이렇게 지나간 덕분에 피니어스는 목숨을 건졌을 뿐 아니라 의식도 잃지 않았다. 하지만 피니어스는 더 이상 예전의 자신으로 돌아갈 수 없었다. 그림: 제리 맬론

버몬트에서 일어난 '끔찍한 사고' **19**

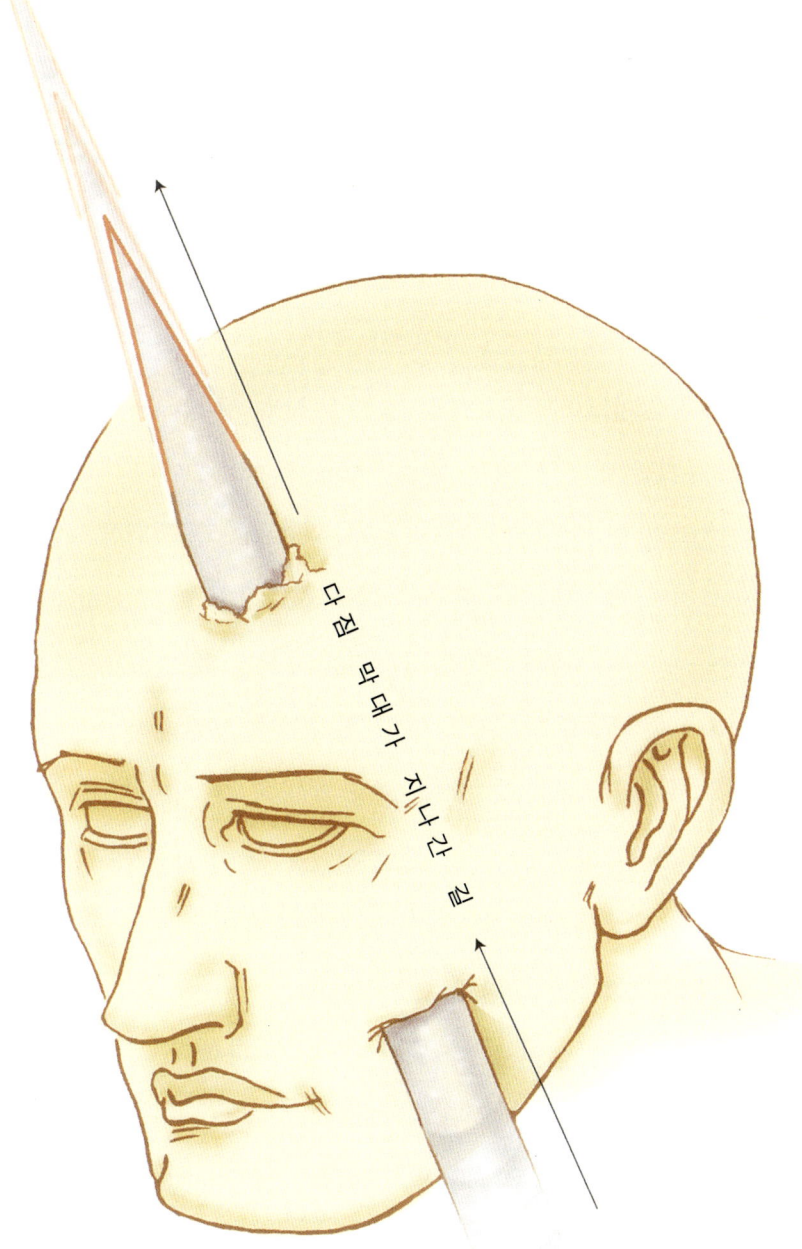

디로 들어왔느냐고 묻자 게이지 씨가 뺨을 가리켰다. 그제야 나는 상처를 보았다. 아래턱이 꺾이는 부분에서 앞쪽으로 4센티미터 정도가 죽 찢어져 있었다. 상처는 양쪽으로 팽팽히 당겨져 있고, 화약과 녹이 묻어 색이 변한 것처럼 보였다. 게이지 씨는 한사코 다짐 막대가 머리를 뚫고 지나갔다고 우겼다. 옆에 있던 아일랜드 사람도 거들었다. '맞습니다, 선생님. 다짐 막대가 저 아래 길에 떨어져 있는데 피랑 골이 잔뜩 묻어 있다니까요.'"

사고가 일어난 지 한 시간이 지나서야 마을 의사인 할로 박사가 여관으로 왔다. 두 의사가 이야기한 끝에 환자는 할로 박사가 맡기로 했다. 피니어스의 모습은 섬뜩했다. 머리와 입에서 피가 철철 흐르는 모습이 전쟁터에서 막 실려 온 부상병 같았다. 하지만 피니어스는 정신도 멀쩡하고 고통도 호소하지 않았으며 궁금해하는 사람들에게 계속해서 사고 이야기를 들려주었다.

할로 박사는 피니어스에게 안으로 들어가서 상처를 치료하자고 했다. 피니어스는 계단에서 일어나 할로 박사의 팔에 살짝 기대어 긴 계단을 올라가서 방으로 들어갔다. 피니어스가 침대에 눕자, 할로 박사는 머리털을 밀고 상처를 자세히 살펴보았다. 상처는 끔찍했다. 뭔가가 머리 위쪽을 뚫고 나오면서 머리뼈를 박살 낸 바람에 뇌가 훤히 들여다보였다.

할로 박사는 자신이 할 수 있는 일 안에서 최선을 다했다. 상처 주위의 피부를 깨끗이 닦고 작은 뼛조각을 빼낸 뒤 큰 조각을 살며시 제자리로 돌려놓았다. 할로 박사는 피니어스의 입속도 들여다보았다. 입천장에 다짐 막대가 뚫고 지나간 구멍이 보였다. 박사는 상처에서 진물이 흘러나오도록 구멍을 그대로 두

기로 했다. 그러고는 상처에 '붕대를 감았다'. 먼저 늘어진 피부를 원래대로 잡아당겨 반창고로 고정했다. 상처는 압박 붕대로 누르고 그 위에다 잠잘 때 쓰는 모자를 푹 덮어씌웠다. 마지막으로 모든 붕대가 잘 붙어 있도록 두루마리 붕대로 머리를 빙 둘렀다.

그러고 나서야 할로 박사는 피니어스가 화약 폭발 때문에 화상을 입어 손과 팔뚝이 시커메진 것을 보았다. 박사는 손과 팔에도 붕대를 감은 다음, 피니어스에게 머리를 높게 하고 자라고 했다. 박사는 환자에게 그 자세로 가만히 있으라고 단단히 일렀다.

피니어스는 한참 전에 죽었어도 이상할 것이 없었다. 6킬로그램짜리 쇠막대인 다짐 막대가 머리를 관통한다면 누구나 그 자리에서 죽기 마련이니까. 설령 곧바로 죽지는 않더라도 캐번디시에 오자마자 쇼크(심장에 갑자기 이상이 오거나 피를 너무 많이 흘리거나 하여 피의 양이 줄어드는 위험한 상태: 옮긴이)로 죽었을 수도 있었다. 하지만 피니어스는 피를 많이 흘리고도 의식을 잃기는커녕 수다를 떨었다.

만약 출혈을 견뎌 냈다 해도 뇌가 부풀어 올라 죽었을 수도 있었다. 신체가 강한 타격을 받으면 손상된 조직이 부풀어 오른다. 그런데 뇌는 부드럽고 머리뼈는 딱딱하기 때문에 머리를 세게 부딪치면 머리뼈 안에 든 뇌가 깡통에 든 비비 탄처럼 흔들린다. 그러면 뇌에 멍이 들고, 멍든 뇌 조직은 부풀어 오른다. 하지만 머리뼈는 크기가 그대로이다. 부풀어 오른 뇌가 머리뼈에 꽉 차면 피가 잘 통하지 않게 된다. 이렇게 부풀어 오른 뇌에서는 산소가 구석구석까지 전달되지 않고, 그런 상태가 계속되면 되돌릴 수 없는 손상을 입기도 한다. 잘못하면 목숨을 잃을 수도 있다.

이것이 '폐쇄성' 뇌 손상이다.(뇌진탕이라고도 한다.) 자전거를 타다가 머리부터 떨어지거나 교통사고를 당하거나 어딘가에 머리를 세게 부딪쳤을 때, 의사들이 걱정을 하는 이유가 바로 폐쇄성 뇌 손상이 생길 수 있기 때문이다.(폐쇄성 뇌 손상을 예방하려면 자전거를 탈 때, 경주용 자동차를 탈 때, 군대에서 전투를 할 때, 미식축구를 할 때, 낙하산을 탈 때, 동굴을 탐험할 때, 공사장에서 일할 때, 뭐든지 머리를 세게 부딪칠 수 있는 일을 할 때는 반드시 헬멧을 써야 한다. 물론 피니어스 같은 경우에는 헬멧을 썼어도 소용없었을 테지만 말이다.)

하지만 피니어스는 운이 좋았다. '개방성' 뇌 손상을 입었기 때문이다. 머리 위쪽에 구멍이 뚫려 있어서 부딪힌 뇌가 부풀어 오를 공간이 있었던 것이다. 반면, 언제든지 뇌가 감염될 수도 있었다. 그래도 처음에는 눈에 띄게 상태가 좋아졌다. 머리에서 흐르던 핏줄기는 점점 느려지다가 스물네 시간 안에 멎었다.

피니어스는 여전히 쾌활했다. 할로 박사에게 "며칠만 있으면 일터로 돌아갈 테니 친구들을 보고 싶지도 않다."라고 말할 정도였다. 그래도 사고가 일어난 다음 날 아침에 뉴햄프셔 주에서 온 어머니와 삼촌을 만나고는 반가워했다. 하지만 사고 이틀 뒤부터는 상태가 나빠졌다. 몸에서 열이 나면서 이따금 의식이 흐려졌다. 상처에서는 고약한 냄새가 나는 진물이 흘렀다. 감염된 것이 틀림없었다. 이제 죽는 것은 시간문제인 듯했다.

뇌는 신체의 어떤 기관보다 단단히 보호되며, 몸의 다른 부분과 떨어져 있다.

여러 조직과 뼈, 피부가 뇌를 겹겹이 둘러싸 보호하고, 거기다 '혈뇌장벽'이란 것이 있어서 피를 타고 흘러들어 오는 물질을 걸러 낸다. 산소와 영양소는 혈뇌장벽을 지나갈 수 있지만, 세균 같은 위험한 물질은 지나갈 수 없다. 그런데 피니어스처럼 머리뼈가 부서져 뇌가 밖으로 드러난 사람은 세균에 감염되어 죽기 십상이었다. 하지만 1848년 캐번디시 사람들은 물론, 미국이나 유럽의 어떤 과학자도 세균이 감염을 일으킬 수 있다고는 짐작도 하지 못했다.

1848년 당시, 의학계에서는 세균에 대해 거의 알지 못했다. 현미경으로 세균을 관찰한 지 거의 200년이나 지난 뒤였는데도 말이다. 현미경으로만 볼 수 있는 작은 세계는 오늘날에는 별로 신기한 광경이 아니지만, 현미경이 처음 발견된 17세기 중반에는 큰 화젯거리였다. 현미경은 교양 있는 신사들이 즐기는 '첨단 기술' 오락이 되었고, 1665년에는 영국의 로버트 훅이 현미경으로 크게 인기를 끌었다. 훅은 코르크 조각을 아주 얇게 잘라 만든 슬라이드를 자랑스레 보여 주었다. 현미경 렌즈로 들여다본 코르크는 줄지어 늘어선 작은 상자 같은 것들로 이루어져 있었다. 그 모습이 수도원에서 수도사들이 쓰는 텅 빈 방과 비슷해서 훅은 그 상자들을 '세포'라고 불렀다.(영어로 세포를 뜻하는 '셀(cell)'은 원래 '작은 방'을 뜻하는 말임: 옮긴이)

코르크의 세포가 텅 비어 있었던 까닭은 이미 죽어서 바싹 마른 세포였기 때문이었다. 세포 속에 살아 있는 물질이 있고, 바로 그 물질 때문에 세포가 생물체를 이루는 기본 단위가 된다는 사실을 알아내기까지는 그 뒤로 200년이 더 흘러야 했다.

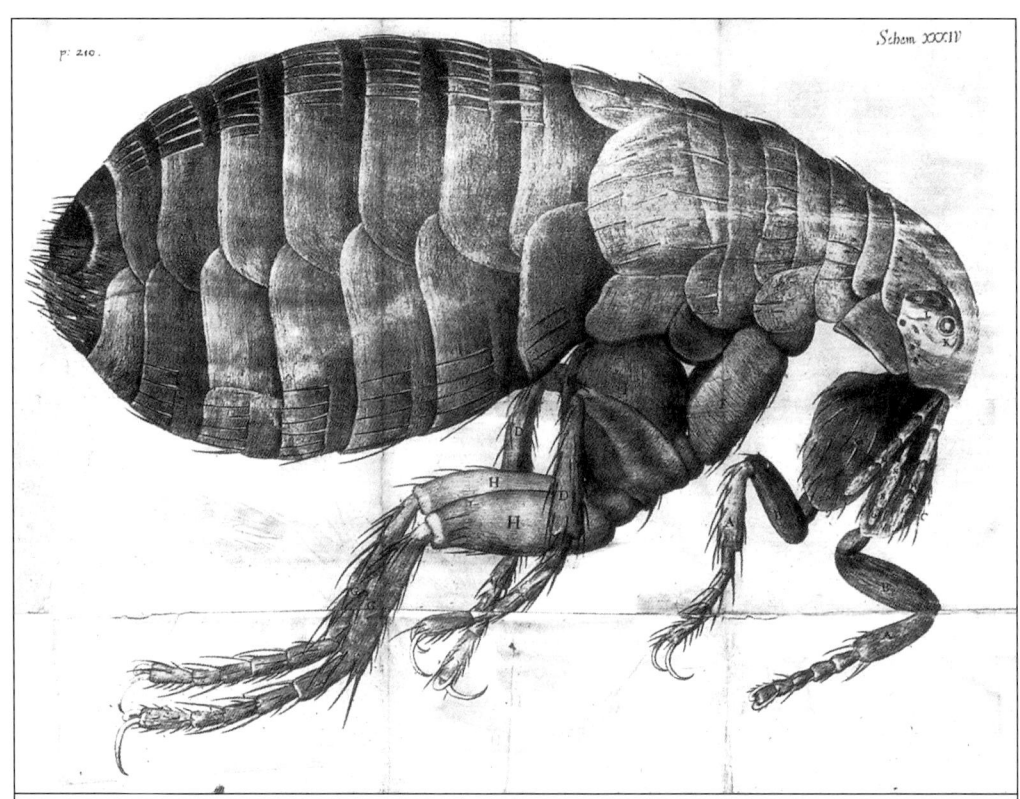

1665년 영국의 과학자 로버트 훅은 새로 발명된 현미경으로 관찰한 벼룩을 세밀화로 그려 책으로 펴냈다. 런던 사교계는 사람의 눈으로 볼 수 없는 작은 것들을 그린 현미경 그림을 더 보여 달라고 아우성쳤다. 로버트 훅의 《현미경도록》에 있는 벼룩. 메릴랜드 주 볼티모어 카네기 워싱턴 연구소 조지프 골 박사 제공

훅이 세포로 인기를 끄는 동안, 네덜란드에서는 영리한 상인 안톤 판 레이우엔훅이 성능이 더 좋은 현미경을 만들었다. 레이우엔훅은 빗물 통에서 떠 온 물을 현미경으로 관찰했다. 물방울 속에는 아주아주 작은 생명체들이 완전히 딴 세상을 이루며 살고 있었다. 레이우엔훅은 그 작은 생명체를 '극미 동물'이라고

불렀다. 레이우엔훅은 처음으로 단세포 미생물, 다시 말해 세포 하나로 이루어진 아주 작은 생물을 본 것이었다. 하지만 자기가 본 '극미 동물'이 병을 옮기거나 사람을 죽게 할 수도 있다는 생각은 꿈에도 하지 못했다.

1848년에도 상황은 크게 다르지 않았다. 현미경을 써 본 의사조차 거의 없었다. 현미경을 의료 기구라고 여기지 않았기 때문이다. 의사들은 이런 작은 동물들에서 자연의 경이로움을 느꼈을 뿐, 이 생물들이 질병과 관련이 있으며 심지어 감염을 일으킬 수 있다고는 아예 생각조차 하지 못했다. 1848년에는 '감염'이라는 말조차 쓰지 않았다.

하지만 의사들도 감염 증상이 어떤 것인지는 잘 알고 있었다. 의사들은 그런 증상을 '부패증'이라고 불렀다. 의사들은 약간 붉은빛을 띠던 '부패한' 상처가 삽시간에 통통 부어올라 끝내 '괴저'라는 돌이킬 수 없는 상태에 이른다는 사실을 쓰라린 경험을 통해 잘 알고 있었다.

1848년, 의사들은 괴저의 원인이 세균 감염이라는 것을 몰랐다. 의사들은 단세포로 이루어진 세균 같은 미생물들이 먼지 입자를 타고 공중을 떠돌아다니거나, 손톱 밑에 숨어 있거나, 씻지 않은 수술 칼의 칼날에서 살고 있다는 사실을 몰랐다.

미생물은 극히 좁은 공간에도 수억 마리가 살고 있을 정도로 크기가 작다. 미생물은 아주 작은 생물들을 통틀어 일컫는 말로, 세균, 곰팡이, 바이러스 등 종류가 무척 다양하다. 미생물 가운데 특히 위험한 세균이 바로 포도상 구균과 연쇄상 구균이다.(줄여서 '포도 구균'과 '연쇄 구균'이라고 한다.) 1848년의 의사

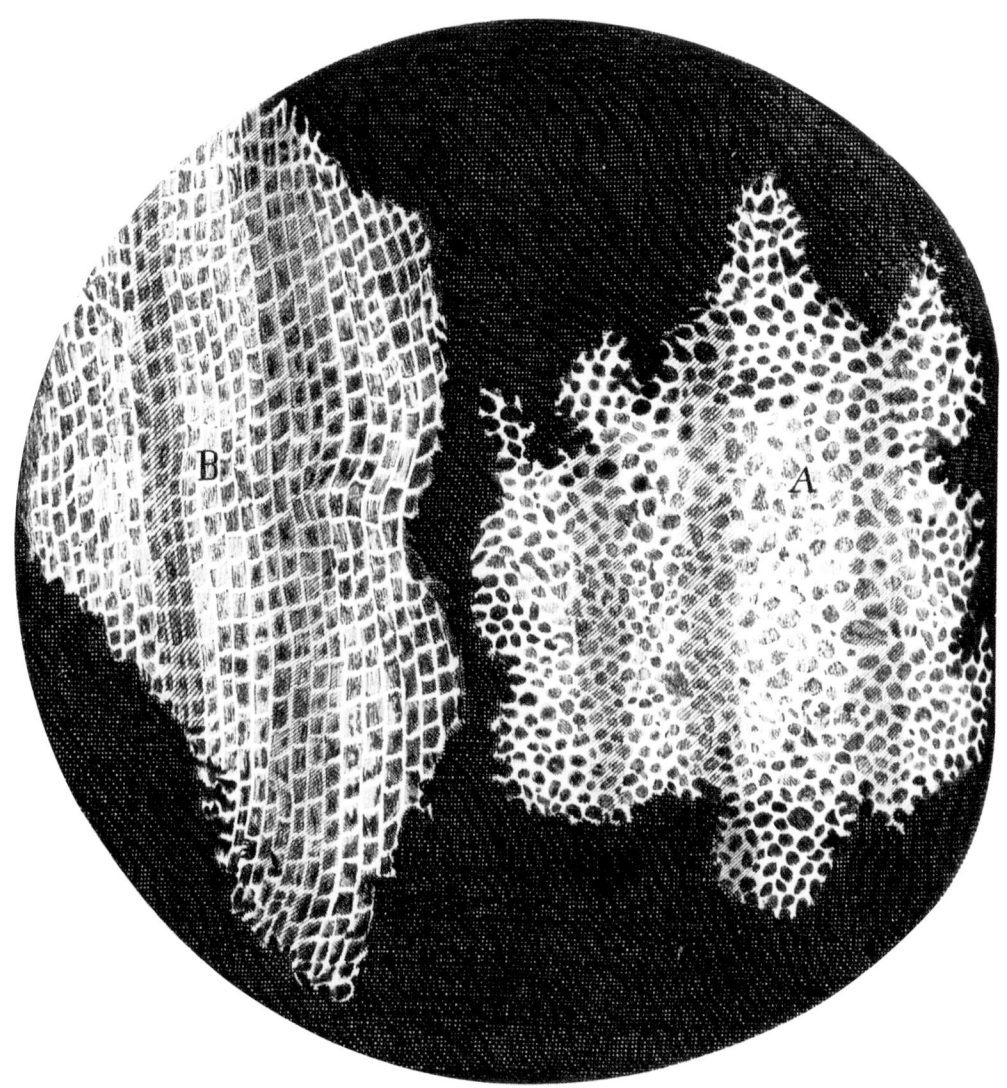

로버트 훅은 코르크 조각에 나타난 아주 작은 상자를 '세포'라고 불렀다. 세포는 벼룩 그림과 달리 1665년 당시에는 그다지 주목을 받지 못했다. 하지만 200년 뒤에 이 '세포'가 모든 생명체의 기본 단위라는 것이 밝혀졌다. 로버트 훅의 《현미경도록》에 있는 세포. 메릴랜드 주 볼티모어 카네기 워싱턴 연구소 조지프 골 박사 제공

들이 몰랐던 사실을, 포도 구균과 연쇄 구균은 알고 있었다. 피니어스의 부서진 머리가 자신들이 살기 좋은 곳이라는 사실을.

상처는 열린 문과 같다. 포도 구균과 연쇄 구균은 피부가 베이거나 벗겨진 곳으로 들어가 따뜻하고 촉촉하고 영양소가 풍부한 세포 속에서 번식한다. 이 세균들은 일단 몸속에 자리 잡으면 걷잡을 수 없이 불어난다. 세균이 우르르 밀어닥치면 우리 몸의 면역 체계는 특별한 면역 세포를 한데 모아 세균을 죽인다. 세균은 세균대로 면역 세포에 맞서 독성 물질을 무더기로 만들어 내 스스로를 지킨다. 이것이 감염이다. 이렇게 우리 몸속에서 면역 체계와 세균이 싸우는 곳은 벌겋게 부어오른다.

1848년은 감염이 살아 있는 물체, 다시 말해 '생물' 때문에 일어난다는 사실이 밝혀지기 20년 전이었다. 감염을 막는 최초의 '항생제'(抗生劑. 생물에 대항하는 약제라는 뜻: 옮긴이)인 페니실린이 개발되기까지는 거의 100년이나 더 기다려야 했다. 당시 생물학의 3대 수수께끼를 밝혀낸 루이 파스퇴르는 아직 프랑스 파리에서 화학을 공부하던 학생이었다. 생물학의 3대 수수께끼였던 발효, 부패, 감염은 모두 살아 있는 미생물의 작용으로 일어난다. 파스퇴르는 이 미생물을 '병원체'라고 불렀다. 파스퇴르의 '병원체 이론'('세균설'이라고도 함: 옮긴이)은 의학 혁명을 불러일으켰다.

이 이론을 바탕으로 조지프 리스터라는 영국의 외과 의사는 모든 미생물을 차단하거나 제거한 무균 상태에서 수술을 시도했다. 리스터는 수술 전에 최대한 손을 박박 씻고, 수술복과 수술 도구를 삶고, 수술실에 페놀을 뿌리는 기계

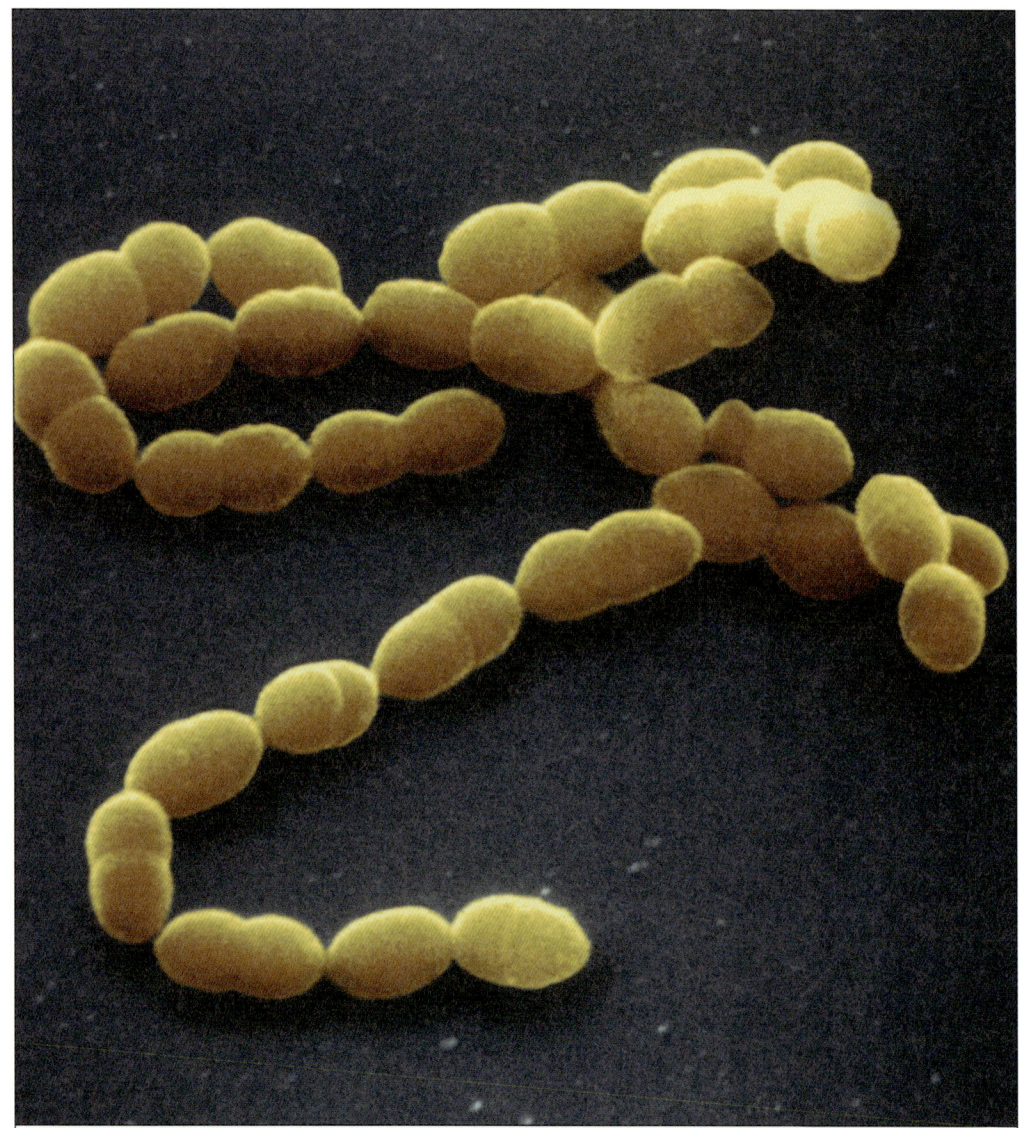

현미경으로 보면 연쇄 구균은 독특하게도 줄에 꿴 구슬처럼 생겼다. 연쇄 구균은 어디서든 쉽게 접촉할 수 있지만, 우리 몸의 면역 체계를 뚫고 들어오지 않는 한 위험하지 않다. 현미경 사진: H. 모건, 이미지클릭 제공

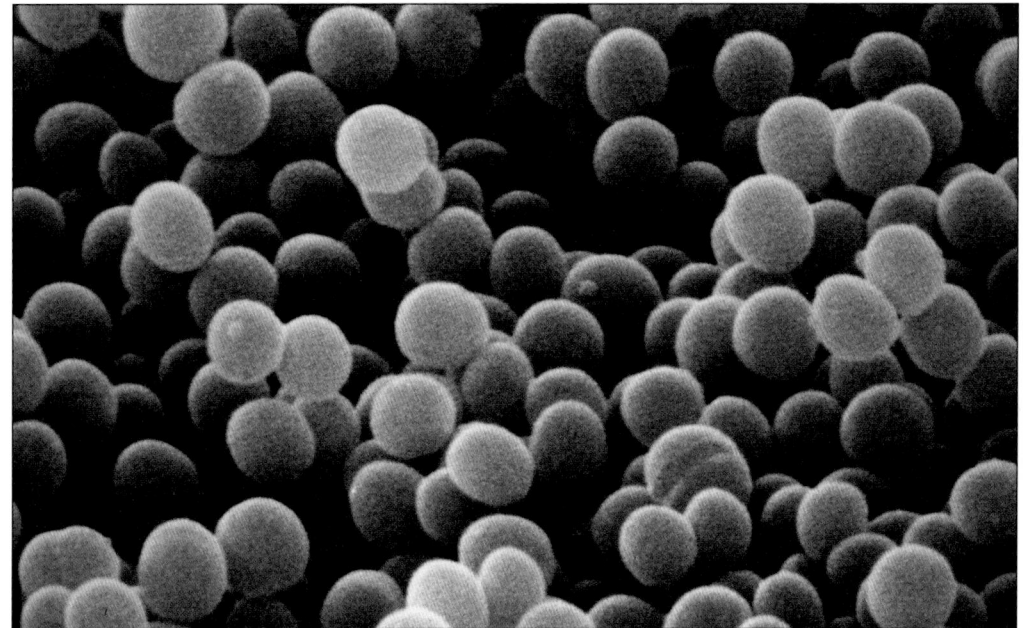

포도 구균과 연쇄 구균은 호시탐탐 기회를 노리는 무시무시한 세균들이다. 항생제가 발견되기 전에는 포도 구균이나 연쇄 구균에 감염되어 많은 사람이 목숨을 잃었다. 어찌 되었든 피니어스의 면역 체계는 이 세균들의 공격을 물리쳤다. 현미경 사진: 토니 브레인 박사, 타임스페이스 제공

를 놓아 공기 중에 있는 병원체를 없앴다. 리스터가 1865년 처음 무균 수술을 실시한 뒤로 수술을 받고 나서 감염으로 죽는 환자의 비율이 엄청나게 줄었다. 역사상 처음으로 수술 뒤 감염으로 죽이는 환자보다 수술로 살리는 환자가 더 많아진 것이다.

그러나 1848년에 피니어스는 이런 방법들의 도움을 받지 못했다. 피니어스는 오로지 운이 좋고 간호를 잘 받은 덕분에 목숨을 건졌다. 할로 박사는 당시

로서는 최선의 방법으로 피니어스를 치료했다. 바로 상처를 깨끗이 닦고 붕대로 덮어 두되, 염증이 생기지 않는지 지켜보는 것이었다.

상처가 감염되었다는 신호는 고름(사실은 죽은 백혈구 덩어리로, 면역 체계가 몸속으로 들어온 세균을 공격하고 있다는 신호임)이 고여 '농양'이라는 고름집을 만드는 것이다. 사고가 일어난 지 14일 뒤, 피니어스의 눈 바로 위 피부 속에 커다란 농양이 생겼다. 몸에서는 열이 나고 입맛이 없어지면서 빠르게 기운을 잃었다. 할로 박사는 농양을 칼로 짼 다음 고름을 빼냈다. 머리의 붕대도 다시 감아 주었다. 이윽고 열이 내리고, 두피도 아물기 시작했다. 피니어스는 젊고 무쇠처럼 튼튼한 데다 할로 박사가 적절히 처치해 준 덕분에 목숨을 건졌다. 할로 박사는 늘 겸손하게 자기 혼자 피니어스를 살린 것은 아니라고 말했다.

"저는 붕대만 감았습니다. 치료는 하느님이 하셨죠."

환자는 기운을 되찾았다. 의사가 보기에 너무 힘이 넘칠 정도였다. 하루는 할로 박사가 며칠 자리를 비웠다가 돌아와 보니 침대에 누워 있어야 할 피니어스가 온데간데없었다. 알고 보니 머리에 칭칭 붕대를 감은 채 얇은 신발에 외투도 걸치지 않고 비 내리는 캐번디시를 어슬렁거리고 있었다. 피니어스는 먹고 싶은 대로 먹고 몸조리도 하지 않았으며 의사의 지시도 무시했다. 어머니 집이 있는 뉴햄프셔 주 레바논으로 돌아가고 싶다며 32킬로미터나 떨어진 레바논까지 걸어가려고도 했다.

할로 박사는 당시 최고의 의학 이론에 따라 피니어스의 몸에서 '체액'의 균형이 깨졌다고 진단했다. 고대 그리스에서 시작된 이 이론에 따르면 사람은 몸속에 있는 네 가지 액체, 즉 혈액, 점액, 황색 담즙, 흑색 담즙이 서로 균형을 이루어야 건강하다고 한다. 할로 박사는 이 체액의 균형을 맞추기 위해 독한 약 두 가지를 처방했다. 하나는 먹은 것을 토하게 하는 '구토제'이고, 또 하나는 설사를 일으켜 장을 비우게 하는 '하제'였다. 피니어스는 약 기운에 쓰러져 2주 동안 침대에 누워 있었다. 그동안 할로 박사는 피니어스에게 '검소한' 음식, 다시 말해 저영양식만 먹였다. 체액이 균형을 이룬 덕분인지는 모르겠지만, 피니어스가 얌전히 쉬게 된 것은 사실이었다.

사고가 일어난 지 10주 뒤, 할로 박사는 피니어스에게 상처가 다 나았다고 말했다. 박사는 피니어스를 지붕 있는 마차에 태워 뉴햄프셔 주에 있는 어머니 집으로 보냈다. 피니어스는 많이 약해져 있었지만, 가까운 거리는 걸어갈 수 있었다. 셈도 할 수 있고, 혼자서 밥도 먹고, 옷도 입었으며, 노래도 불렀다. 말도 똑똑히 하고 남의 말도 잘 알아들었다.

하지만 '회복한' 피니어스는 어딘가 이상했다. 피니어스가 캐번디시를 떠나기 전에, 할로 박사는 간단한 검사를 했다. 박사는 피니어스가 그동안 마을 옆 블랙 강 주변을 거닐며 모아 둔 조약돌 한 주머니를 천 달러에 팔라고 했다. 그때 피니어스는 분명히 덧셈과 뺄셈을 할 줄 알았는데도 화를 내며 싫다고 했다. 할로 박사는 심하게 다친 사람이 완전히 예전의 상태로 돌아오려면 시간이 조금 걸리는가 보다 하고 생각했다.

피니어스가 떠나자마자 할로 박사는 〈보스턴 의학 외과학 저널〉에 간략한 보고서를 실었다. 의사들은 대부분 할로 박사의 보고서를 거들떠보지도 않았다.

32 쇠막대가 머리를 뚫고 간 사나이

그나마 보고서를 읽어 본 몇 안 되는 사람들도 보고서를 믿지 않았다. 어떻게 사람이 그런 부상을 입고도 살아 있다는 말인가? 게다가 '완전히 회복'했다는 사실은 더욱 믿을 수 없다고 생각했다.

하지만 보스턴에서 일하던 한 의사는 관심을 가졌다. 그 의사는 할로 박사에게 편지를 써서 사실을 뒷받침할 수 있도록 캐번디시에 사는 목격자들에게 정식으로 진술을 받아 달라고 했다. 편지를 보낸 사람은 하버드 의과대학의 외과 교수인 헨리 J. 비글로였다.

이듬해 봄에 피니어스는 다짐 막대를 들고 캐번디시로 돌아왔다. 이즈음 피니어스는 어디를 가든 다짐 막대를 가지고 다녔다. 피니어스는 할로 박사에게 마지막으로 진찰을 받고 다시 철도 건설 공사 일을 하려고 했다. 피니어스의 왼쪽 눈은 겉으로 보기에는 멀쩡했지만, 그사이 시력이 점점 나빠져 전혀 볼 수 없었다. 이마에는 커다란 흉터가 있었고 광대뼈에는 작은 흉터가 남아 있었다. 그것만 빼면 몸은 완전히 건강을 되찾았다. 하지만 할로 박사는 피니어스의 정신 상태가 이상하다고 생각했다. 피니어스는 예전의 피니어스가 아니었다.

철도 회사 사람들도 곧 같은 결론을 내렸다. 다시 돌아온 피니어스는 제멋대

이 그림은 400년 전 당시로서는 최신 의학 서적에 실렸던 삽화이다. 반은 남자이고 반은 여자인 사람이 별자리를 나타내는 열두 개의 기호와 네 가지 '체액'에 둘러싸여 있다. 몇백 년 동안 의사들은 혈액, 점액, 황색 담즙, 흑색 담즙이라는 네 가지 체액이 건강을 좌우한다고 믿었다. 옛날에 병든 사람의 피를 뺐던 '이유'도 혈액이 많은 상태를 바로잡아 균형을 맞추기 위해서였다. 타임스페이스 제공

로였고, 가끔씩은 정말로 기분 나쁘게 굴었다. 옛 동료들과 친구들의 기분을 상하게 하고, 여자들 앞에서 상스러운 말을 내뱉었다. 이랬다저랬다 마음을 바꾸고, 작업 지시를 내릴 때도 자꾸 말을 바꾸었다. 결국 철도 건설업자들은 피니어스에게 일을 그만두라고 했다. 몰래 피니어스의 상태를 기록하고 있던 할로 박사는 슬픈 마음으로 이렇게 적었다.

"건설업자들은 사고가 나기 전에는 피니어스 게이지를 가장 일 잘하고 능력 있는 반장으로 여겼지만, 사고가 난 뒤에는 사람이 너무 많이 바뀌어서 다시 일을 맡길 수 없었다."

옛 친구들도 피니어스를 멀리했다. 할로 박사는 이렇게 썼다.

"피니어스 게이지는 변덕스럽고 불손했으며, 때때로 몹시 상스러운 욕을 마구 내뱉었다.(예전에는 그렇지 않았다.) 동료들을 존중하지 않고, 자기 마음대로 하지 못하게 하거나 충고를 하면 참지 못했다."

피니어스는 수많은 계획을 생각해 냈다가 계획을 입 밖에 내기가 무섭게 그만두었다고 한다. 마치 점심 먹고 집을 나가겠다고 큰소리치고는 점심으로 나온 샌드위치를 먹으며 또 다른 생각을 하는 어린아이와 같았다. 할로 박사에 따르면 피니어스는 "지적 능력과 표현은 어린아이 같은데 육체의 열정은 건장한

헨리 J. 비글로는 나이가 들어서는 보스턴의 중견 외과 의사답게 수염을 길게 기르고 수수한 옷을 입었지만, 파리에서 의학을 공부하던 젊은 시절에는 옷 잘 입는 멋쟁이였다.
은판 사진: 레옹 푸코, 1841, 파리. 하버드 의과대학 카운트웨이 의학 도서관 제공

버몬트에서 일어난 '끔찍한 사고' **35**

남성이었다." 의사는 환자의 허락 없이 환자 상태를 밝힐 수 없기 때문에, 할로 박사는 피니어스를 관찰한 기록을 20년 동안 혼자만 알고 있었다.

그동안 할로 박사는 하버드 의과대학의 비글로 박사에게 편지를 한 통 더 받았다. 사고 목격자들의 증언을 보내 주어 고맙다는 편지였다. 그리고 자기가 비용을 댈 테니 피니어스 게이지를 보스턴의 의과대학으로 데려와 보스턴 의학 개선 협회에 소개하면 어떻겠느냐고 제안했다. 할로 박사와 비글로 박사는 약속을 잡았다.

생각을 생각하다

1850년 겨울, 피니어스는 보스턴으로 가서 의사들 앞에 섰다. 1850년의 의사들은 어떤 모습이었을까? 의사들은 신사 같았다. 적어도 자신들의 사회적 지위를 높이려고 그린 유화 초상화 속의 모습은 그랬다. 의사들의 초상화를 한 줄로 죽 늘어놓으면 현명해 보이는 얼굴에 기다란 구레나룻을 기르고, 새틴 조끼 차림에 금 시곗줄을 찬 사람들의 모습이 줄줄이 이어질 것이다.

1850년 무렵에는 초상 사진도 있었다. 사진 속의 의사들도 현명해 보이는 얼굴에 구레나룻을 기르고 새틴 조끼를 입었다. 일하는 의사를 찍은 사진은 드물었다. 그때는 움직이는 사람이나 물건을 찍기가 어려웠다. 감광판(사진기에서 영상이 맺히는 판: 옮긴이)이 빛을 받아들이는 시간이 몹시 길어서 한 번 빛을 받는 데만 꼬박 일 분이나 걸렸기 때문이다. 하지만 피니어스가 사고를 당하기 일 년 전, 보스턴의 사진가 조사이어 호스는 수술실에 사진기를 놓고 '은판 사진(금속 판으로 찍은 사진)'을 찍었다. 이 수술실을 '에테르 돔'이라고 불렀는데, 오늘날에도 남아 있다.

옆 사진은 아마 의사들의 자연스러운 모습을 찍은 최초의 사진일 것이다. 사진 속의 외과 의사들은 수술대 옆에 서서 수술이 시작되기를 초조하게 기다리고 있다. 이 장면은 역사에 길이 남을 순간이다. 에테르를 사용하지 않던 시절에는 수술을 하려면 힘센 조수들이 환자를 꼼짝 못하게 누르고 있거나 가죽을 씌운 사슬로 환자를 묶어 두어야 했다. 하지만 에테르 마취법이 발견된 덕분에 에테르 돔의 의사들은 비로소 시간을 갖고 찬찬히 수술을 할 수 있게 되었다.

사진에서 두 가지 사실을 눈여겨보자. 첫째, 모두가 남자이다. 그때는 여자 의사는커녕 여자 간호사조차 없었다. 둘째, 의사들이 입고 있는 옷을 보라. 특별한 옷이 아니다. 의사들은 평소에 입는 검은 프록코트(19세기 서양에서 남자들이 입던 무릎까지 오는 겉옷: 옮긴이)와 반들반들한 새틴 조끼, 리넨 셔츠를 입고 있다. 수술복을 입은 사람은 아무도 없다. 수술용 장갑이나 마스크를 낀 사람도, 수술용 장화를 신은 사람도 없다. 어쩌면 이 의사들은 손도 안 씻고 수술을 하고는 수술이 '끝나고' 나서야 손을 씻었을지도 모른다. 이 사람들은 세균이 무엇인지 전혀 몰랐다. 하지만 뇌가 무엇인지는 다 안다고 생각했다.

1850년 1월, 다짐 막대를 들고 보스턴으로 온 피니어스를 보려고 모여든 의사들도 마찬가지였다. 그들에게 피니어스 게이지는 비글로 박사의 손님이자 홀

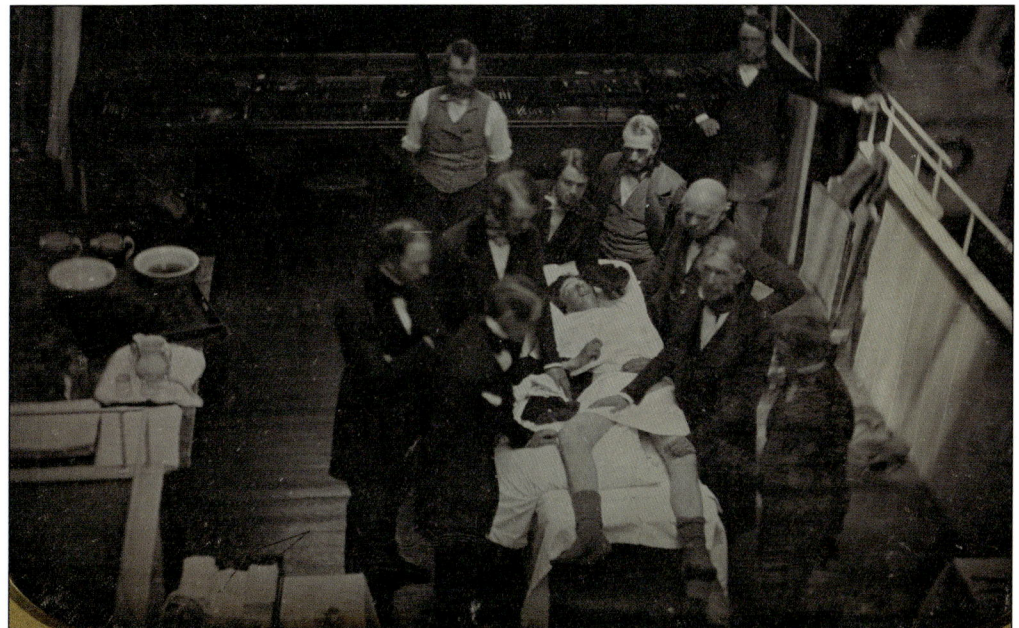

양말 차림의 환자가 의식을 잃고 수술대 위에 누워 있다. 에테르를 코로 들이마시고 정신을 잃은 환자는 반수면 상태에 빠져 고통을 느끼지 못한다. 마취법을 발견했다는 소식이 영국에 전해지자, 런던의 한 신문은 "우리가 고통을 정복했다."라며 기뻐했다.
사진: 카티아 칼센, 매사추세츠 종합 병원 기록 보관소 및 특별 서고에서 대여(1979. 1.), 하버드 미술관 포그 아트 뮤지엄 제공

륭한 표본이었다. 의사들은 피니어스를 살펴보고, 여기저기 재어 보고, 토론을 했다. 피니어스의 허락을 얻어 얼굴에 석고를 발라 본을 뜨기도 했다. 비글로 박사는 피니어스가 숨을 쉴 수 있도록 코에 빨대를 꽂아 주고는 액체 석고를 발랐다. 석고가 마른 뒤에 떼어 내자 틀이 만들어졌다. 비글로 박사는 이 틀을 바탕으로 피니어스의 얼굴을 입체 모형으로 만들었다. 눈은 감겨 있지만, 앞머리

에 난 커다란 흉터는 선명하게 보였다.

피니어스가 비글로 박사의 강의에 몸소 나타난 이유는 자기가 겪은 일이 과장이나 거짓이 아니라는 것을 의사들에게 보여 주기 위해서였다. 비글로 박사는 그런 의심에 정면으로 맞섰다.

"이 사례의 주요 특징은 있을 법하지 않다는 것입니다."

비글로 박사는 그렇게 인정하며 말을 이었다.

"길이 1미터에 무게가 6킬로그램이 넘는 쇠막대를 직접 들어 보면 어떤 의사도 쉽게 믿지 못할 것입니다. 이런 물건이 뇌를 쾅 관통했는데도 여전히 걸어 다니고, 침착하고 차분하게 자기 머리에 구멍이 뚫렸다고 말할 수도 있다는 사실을 말입니다. 하지만 여기, 이 사례가 그야말로 진실임을 뒷받침하는 충분한 증거가 있습니다."

증거는 쇠로 만든 다짐 막대를 손에 들고 사람들 눈앞에 서 있었다. 하지만 증거를 보고도 여전히 다짐 막대가 피니어스의 뇌를 뚫고 지나갔다는 사실을 믿지 못하는 의사들이 있었다. 그 의사들은 다짐 막대가 머리를 스치기만 했을지도 모른다고 말했다. 비글로 박사는 윌리엄스 박사와 할로 박사의 보고서를 소리 내어 읽어 주었다. 여관 주인 애덤스 씨와 일꾼들, 캐번디시 마을 사람들의 목격담도 덧붙였다. 피니어스의 얼굴을 본떠 만든 석고상도 보여 주었다. 석고상에는 다짐 막대가 들어왔다가 나가면서 생긴 흉터가 똑똑히 보였다. 그래도 여전히 피니어스를 사기꾼이라고, 버몬트 촌구석에서 온 허풍선이라고 생각하는 의사들이 있었다.

반면, 비글로 박사의 발표를 귀 기울여 듣는 의사들도 있었다. 서로 경쟁하던 두 학파의 의사들이었다. 두 학파 모두 피니어스의 사례를 열렬히 믿었다. 두 학파가 내세우던 이론은 정반대였지만, 둘 다 피니어스의 사례가 자신들의 이론을 뒷받침한다고 생각했다. 훗날 두 이론 모두 조금씩은 맞지만 거의 틀렸다는 사실이 밝혀진다. 하지만 그 틀린 이론 덕분에, 그리고 피니어스 덕분에 우리는 뇌에 관해 올바른 지식을 쌓을 수 있었다.

우리 모두는 뇌가 생각하는 곳이라고 알고 있다. 맞는 말이다. 그런데 감정, 특히 사랑의 감정은 심장에서 나온다고 한다면? 틀린 말이라고? 물론이다. 요즘은 우리 몸이 그렇게 작용한다고 생각하는 사람이 거의 없다. 하지만 300년 전에는 모든 사람이 화는 비장(위장 옆에 있는 장기로, 핏속의 세균을 죽이고 늙은 적혈구를 없애는 역할을 함: 옮긴이)에서 생기는 것인 줄 '알았다'.

2,300년 전 고대 그리스 사람들은 심장이 감정을 느끼고 생각을 하는 중심 기관인 줄 '알았다'. 당시의 위대한 과학자였던 아리스토텔레스는 뇌의 주된 기능이 피를 식히는 것인 줄 '알았다'. 1800년이 되어서야 독일 출신의 의사 프란츠 요제프 갈이 뇌는 사고와 감정, 의지를 담당하는 기관이라는 것을 밝혔다.

하지만 새로운 생각이 뿌리를 내리려면 시간이 걸리는 법이다. 오늘날에도 우리는 연인과 헤어졌을 때 "가슴이 아프다."라고 한다. 결코 "머리가 아프다."라고 하지 않는다.

피니어스가 살던 시대의 의사들은 적어도 뇌의 겉모습이 어떤지는 알고 있었

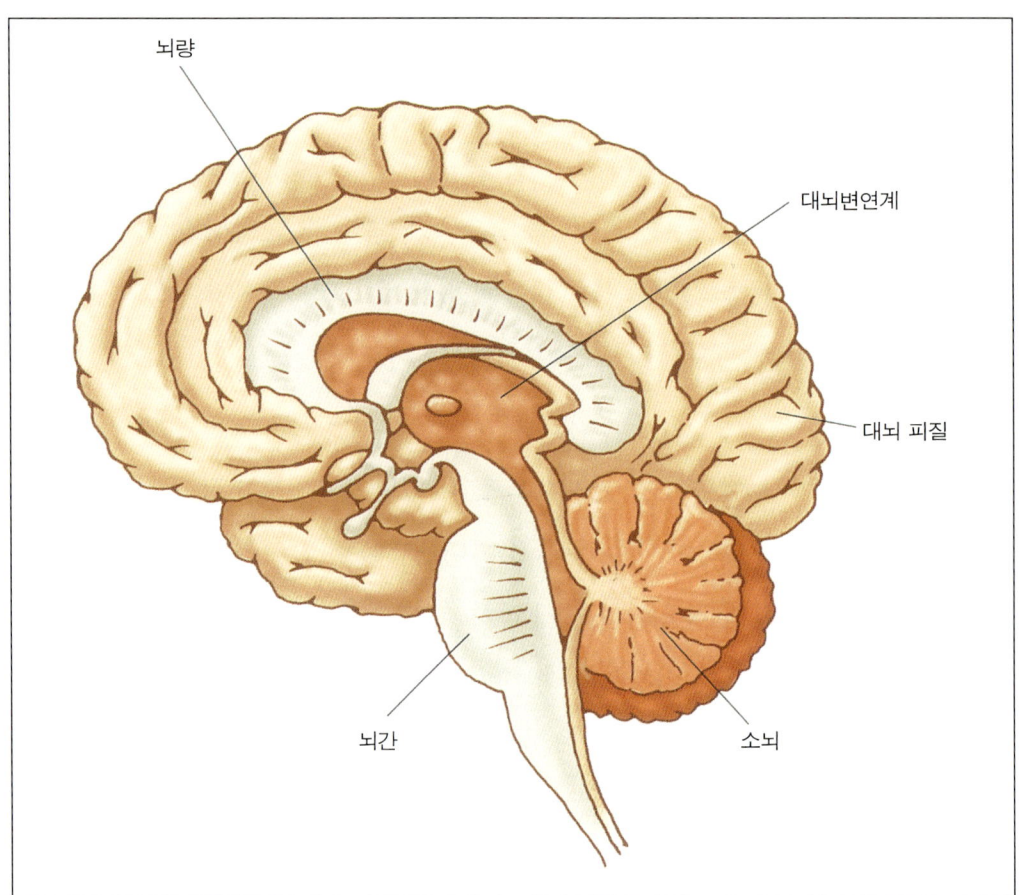

뇌를 반으로 자른 모습이다. 뇌의 바깥쪽을 대뇌 피질이 감싸고 있고, 뒤쪽과 아래쪽에 소뇌와 뇌간이 있다. 대뇌 피질 밑에는 기억, 감각, 감정을 조절하는 대뇌변연계가 있다. 피니어스의 경우 다짐 막대가 대뇌 피질의 앞부분을 지나갔기 때문에 뇌의 다른 부분에는 비교적 손상이 없었다. 그림: 제리 맬론

다. 의과대학 학생 시절에 가난한 사람들의 시체나 죄수의 시체, 버려진 시체를 해부하며 육안 해부학(현미경 같은 기구 없이 맨눈으로 인체 구조를 연구하는

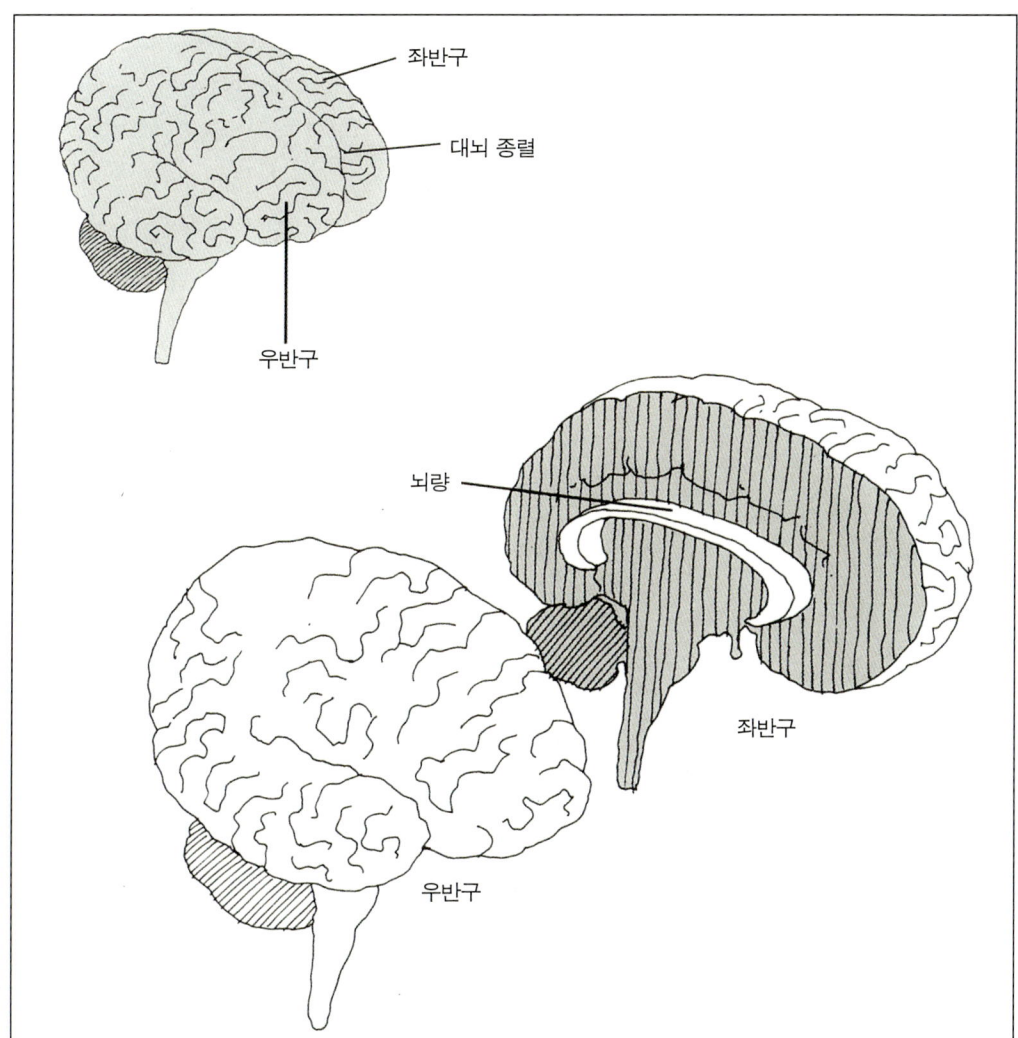

이 그림에서는 대뇌 피질의 두 반구가 나누어지는 곳을 볼 수 있다. 두 반구 사이에 세로로 길게 나 있는 홈을 '대뇌 종렬'이라고 한다. 두 반구의 기능은 서로 다른데, 그림처럼 정확히 나누어서 작용하는 것은 아니다. 다짐 막대는 피니어스의 뇌로 들어올 때 좌반구를 꿰뚫었지만, 빠져나가면서 우반구도 스치고 지나갔다. 피니어스는 양쪽 반구 모두에서 일부를 잃어버렸다. 그림: 데이비드 매콜리

해부학)을 배웠기 때문이다. 1850년에는 모든 의사가 골격과 몸속의 장기, 근육의 구조를 눈으로 볼 수 있는 만큼은 알고 있었고, 당연히 뇌의 모습도 알고 있었다. 단지 뇌가 무슨 일을 어떻게 하는지만 몰랐을 뿐이다.

뇌가 어떻게 생겼는지는 우리도 볼 수 있다. 뚜껑을 열듯이 머리뼈를 열고 뇌를 꺼낸다고 상상해 보자. 뇌의 무게는 1킬로그램쯤 된다. 어떤 사람들은 뇌를 반으로 자른 거대한 호두에 비유하기도 한다. 만약 1킬로그램짜리 호두 반 개가 잘 상상이 안 된다면 자전거 헬멧을 떠올려도 된다.(뇌를 감싸 보호해야 하기 때문에 자전거 헬멧은 뇌와 모양이 비슷하다.)

이제 우리의 뇌가 가느다란 줄기 위에 얹힌 커다란 모자이고, 모자 뒷부분에 목 덮개가 달려 있다고 상상해 보자. 커다란 모자는 대뇌 피질이다. 가느다란 줄기는 뇌간으로, 척수와 이어져 있다. 뇌간은 호흡이나 심장 박동처럼 우리 몸에서 자동으로 하는 여러 일들을 조절한다. 목 덮개 밑에는 소뇌가 있다. 소뇌는 몸의 움직임을 조절한다. 소뇌가 없으면 우리는 똑바로 걸을 수도, 손가락으로 코를 만질 수도, 지금 읽고 있는 이 책장을 넘길 수도 없다. 뇌간이 없으면 우리는 숨을 쉬지 못한다. 하지만 대뇌 피질이 없다면 우리는 인간이라고 할 수 없을 것이다.

대뇌 피질은 우리가 생각하고, 기억하고, 배우고, 상상하고, 읽고, 말하고, 듣고, 꿈꾸게 해 주는 곳이다. 감정을 느끼고 감각 기관이 보내는 신호를 이해하는 곳도 대뇌 피질이다. 대뇌 피질은 눈이 전해 주는 풍경을 보고, 코가 감지하는 냄새를 맡으며, 혀가 보는 맛을 느끼고, 신경이 알려 주는 촉감을 느끼고, 귀

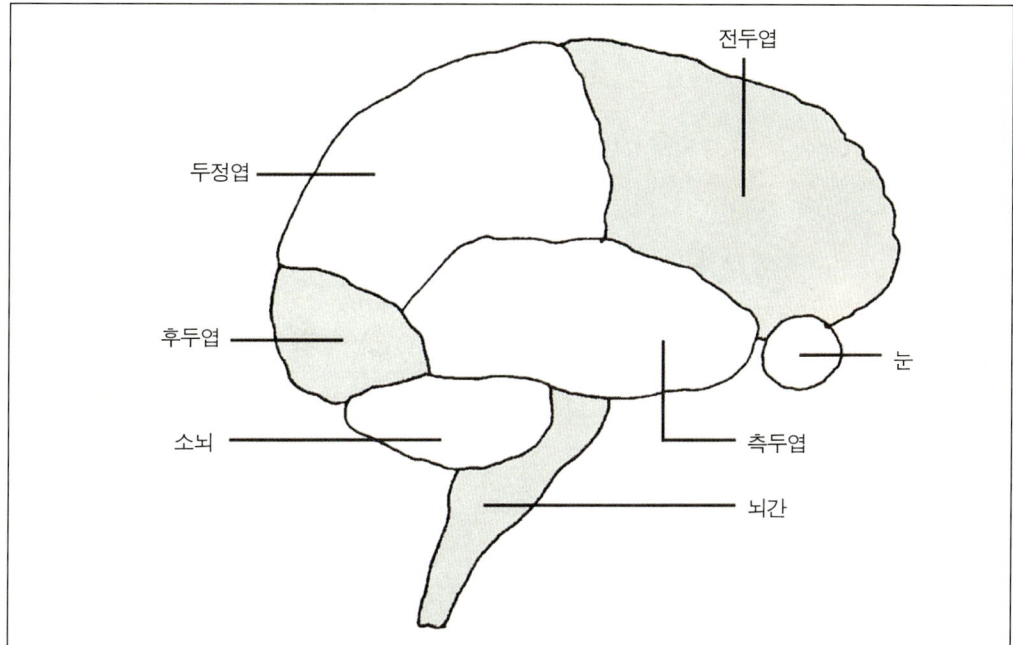

대뇌 피질은 도시처럼 각 부분에 주소가 붙어 있다. 도시가 동쪽과 서쪽으로 나뉜다면 대뇌 피질은 좌반구와 우반구로 나뉜다. 각 반구에 있는 고랑과 이랑은 도시의 교차로와 같다. 의과대학 학생들은 이런 고랑과 이랑을 모조리 외워야 한다. 또 대뇌 피질에는 전두엽(앞), 두정엽(위), 후두엽(뒤), 측두엽(옆)이라는 엽이 네 개 있다. 뇌의 '주소'는 좌반구인지 우반구인지, 무슨 엽인지, 가장 가까운 고랑이나 이랑이 어디인지, 또 위쪽인지 아래쪽인지, 안쪽인지 바깥쪽인지, 앞쪽인지 뒤쪽인지에 따라 다르게 표시한다. 피니어스는 좌반구 전두엽 안쪽을 가장 심하게 다쳤지만, 정확한 주소가 어디인지는 아직도 과학자들 사이에서 의견이 분분하다. 그림: 데이비드 매콜리

가 포착하는 소리를 듣는 곳이다. 대뇌 피질이 하는 이 중요한 활동은 육안 해부학으로는 전혀 알 수 없다. 그저 뇌를 손에 들고만 있어서는 (피니어스가 살던 시대의 의사들처럼) 뇌가 무슨 일을 하는지 알 수 없는 것이다. 뇌를 움직이

는 것은 뇌의 기본 단위인 뇌세포, 즉 뉴런이다. 현미경과 전문적인 기술이 있어야만 볼 수 있을 만큼 작은 뉴런이 미세한 전기 자극을 이어 주고 전달한다. 뇌의 대뇌 피질이나 소뇌, 뇌간, 척수 등은 모두 뉴런으로 이루어져 있다. 뉴런 몇 십억 개가 겹겹이 쌓이고 연결되어 뇌가 되는 것이다.

뇌를 손에 들고 보면, 대뇌 피질이 한가운데에서 갈라져 있는 것이 눈에 띈다. 대뇌 종렬이라는 이 깊은 홈 때문에 겉으로 보면 대뇌가 왼쪽 반구와 오른쪽 반구로 분리되어 있는 것처럼 보이지만, 사실 뇌량이라는 두꺼운 신경 다발로 서로 이어져 있다. 뇌량은 전화 교환대처럼 두 반구 사이에서 이쪽저쪽으로 신호를 전달해 준다.

최근에 과학자들은 두 반구가 저마다 특정한 능력을 맡고 있다는 사실을 알아냈다. 종종 뇌 연구가들이 '우뇌'의 기능이니 '좌뇌'의 기능이니 하는데, 글자 그대로 뇌의 우반구와 좌반구를 가리키는 말이다. 하지만 뇌의 겉모습만 봐서는 그런 기능들이 전혀 보이지 않는다.

오히려 뇌를 보고 있으면 어쩐지 반대로 들고 있는 게 아닌가 하는 의심이 들기도 한다. 대뇌 피질의 앞쪽이 공중에 붕 떠 있는 것처럼 보이기 때문이다. 사실 그 빈 공간에 얼굴이 들어가면 딱 맞는다.

얼굴 위쪽에 있는 대뇌 피질을 전두엽이라고 하는데, 피니어스의 사례와 가장 관련이 많은 부분이다. 머리의 윗부분에 있는 엽을 두정엽, 뒤쪽의 소뇌 바로 위에 있는 엽을 후두엽이라고 한다. 머리 옆 관자놀이를 감싸고 있는 엽은 측두엽이다. 전두엽, 두정엽, 후두엽, 측두엽은 좌반구와 우반구에 각각 하나씩 있다. 이들을 모두 합친 대뇌 피질은 부드러운 신경 조직으로 이루어진 주름 덩어리이다.

언뜻 보면 대충 접어서 아무렇게나 쑤셔 넣은 듯하지만, 사실 사람의 뇌는 모두 똑같이 접혀 있다. 하지만 이 주름의 고랑과 이랑 속에 들어 있는 뉴런이 어떻게 연결되느냐에 따라 한 사람 한 사람이 다 달라진다.

지금까지 뇌의 겉모습을 살펴보았지만, 이 방법으로는 어디에 어떤 신경 세포가 있는지 알 수 없다. 1850년 보스턴의 의사들도 그랬다. 당시 보스턴의 의사들은 세포라는 것 자체를 거의 모르고 있었다.

반면, 독일에서는 마티아스 슐라이덴과 테오도어 슈반 덕분에 세포 혁명이 일어나고 있었다. 두 사람은 따로 일했지만, 둘 다 1665년에 현미경으로 '세포'를 발견한 로버트 훅의 연구에 다시 주목했다.

슐라이덴과 슈반은 훅이 코르크 조각의 죽은 세포를 관찰했기 때문에 세포 속이 텅 비어 있었다는 사실을 알았다. 그리고 세계 최초로, 슐라이덴은 식물의 살아 있는 세포를 관찰했고, 슈반은 동물의 조직에서 살아 있는 세포를 보았다. 두 사람은 세포가 생명체의 기본 단위라는 것을 알아냈다. 점균류(아메바 같은 원생동물과 곰팡이의 특징을 모두 지니고 있는 아주 단순한 생물의 한 종류: 옮긴이)든 인간이든, 살아 있는 모든 것은 세포로 이루어져 있다. 소화도 번식도, 생명체에서 일어나는 모든 작용은 세포 속에 들어 있는 물질이 맡는다.

생물이 복잡해질수록 세포도 더욱 '분화'한다. 분화란 특정한 일을 맡는다는 뜻이다. 세포 한 줄이 분화해 근육 세포가 될 수 있다. 또 어떤 세포는 신경 세포로 분화한다. 구조가 복잡한 동물은 모두 신경 세포가 있지만, 모든 동물이 인간처럼 많은 신경 세포를 지니고 있지는 않다. 우리의 뇌와 척수에는 1000억 개가 넘는 뉴런이 들어 있다.

뉴런은 간단히 말하면 양쪽 끝에 플러그가 달린 전선이다. 하지만 보통 전선과 달리 뉴런에는 플러그가 엄청나게 많이 달려 있어서 이 플러그들로 신호를 전달하기도 하고 바꾸기도 한다. 뉴런은 길고 가느다란 세포로, 한쪽 끝에 신호를 받는 돌기인 수상 돌기가 이리저리 뻗어 있다. 중간에는 축삭 돌기라는 기다란 연결 부위가 있고, 반대쪽 끝에는 신호를 보내는 돌기인 축삭 돌기 말단이 수상 돌기보다는 조금 덜 복잡한 모양으로 뻗어 있다.

뉴런과 뉴런이 닿거나 꼬이지는 않는다. 한 뉴런의 축삭 돌기 말단과 옆 뉴런

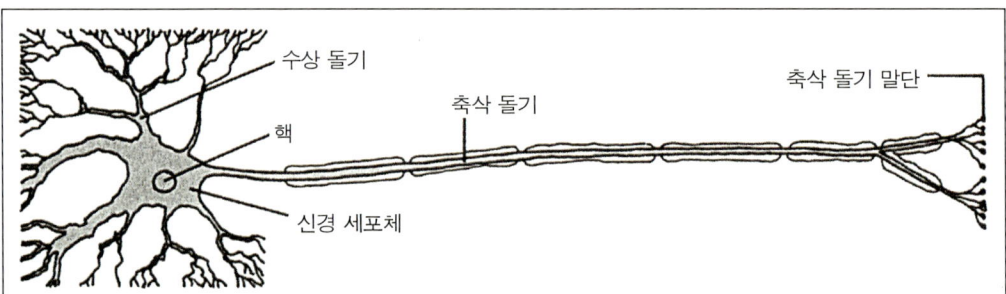

신경 세포, 다시 말해 뉴런은 양쪽에 스위치가 달린 살아 있는 전선과 같다. 뉴런에서 전기는 한 방향으로만 흐른다. 먼저 화학 신호가 수상 돌기에 닿아 전기 자극으로 바뀐다. 전기 신호는 세포의 기다란 줄기인 축삭 돌기를 따라가 맨 끝의 축삭 돌기 말단에서 다시 신경 전달 물질이라는 화학 신호로 바뀐다. 신경 전달 물질은 시냅스라는 아주 작은 공간을 건너 다음 뉴런으로 넘어간다. 놀랍게도 뉴런은 생각의 속도만큼 빨리 움직인다. 그림: 데이비드 매콜리

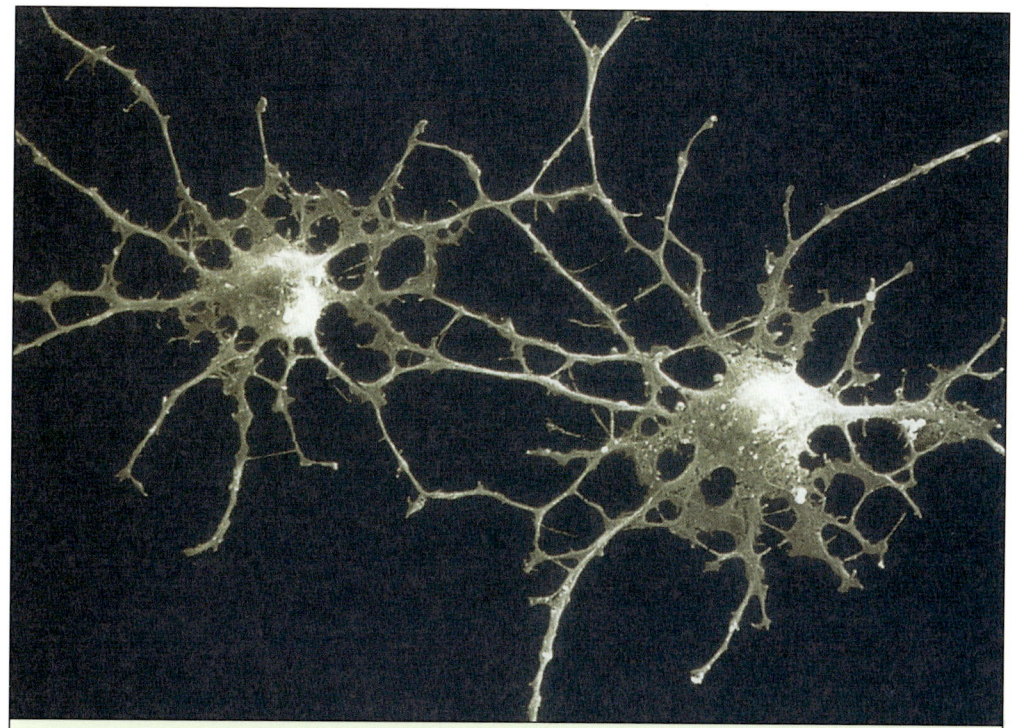

사진 속에 인간의 신경 세포 두 개가 보이는데, 두 세포의 축삭 돌기 말단과 수상 돌기가 그물처럼 얽혀 있다. 이런 연결은 아주 미세해서 재래식 광학 현미경으로는 볼 수 없다. 이 세밀한 사진은 주사형 전자 현미경(SEM)(전자 현미경의 한 종류로, 주로 물체의 표면을 관찰할 때 씀: 옮긴이)으로 찍은 것이다. SEM 사진: 앤드류 레너드, 이미지클릭 제공

의 수상 돌기는 늘 살짝 틈을 두고 떨어져 있다. 이 틈을 시냅스라고 한다.

시냅스는 신경 전달 물질이라는 화학 물질에 의해 이어진다. 신호는 먼저 전기 자극 상태로 신경 세포체를 거쳐 축삭 돌기를 지나 축삭 돌기 말단으로 간다. 거기서 전기 자극은 화학 물질인 신경 전달 물질로 바뀌어 시냅스를 건너 다음 뉴런으로 넘어간다. 그런데 여기서부터 복잡해진다. 뇌 속의 뉴런이 선택

할 수 있는 길이 엄청나게 많기 때문이다.

　뉴런은 겹겹이 쌓이고 한데 뭉쳐 있기 때문에 뇌 속에는 수많은 시냅스가 있고, 따라서 뉴런과 뉴런이 연결될 수 있는 길도 어마어마하게 많다. 뉴런 하나에 연결된 시냅스 수는 천 개에서 6천 개 사이이다. 그 말은 우리 뇌와 척수 속에 있는 1000억 개의 뉴런들이 자그마치 100조 개나 되는 시냅스로 연결되어 있다는 뜻이다. 연결은 복잡하면 복잡할수록 좋다. 우리가 생각하고 배우고 기억하고 행동하고 반응하는 과정은 실제로는 뇌 속에서 일어나는 시냅스 연결들이기 때문이다.

　1850년 보스턴에서 피니어스를 구경하던 의사들은 뉴런이 무엇인지 짐작도 하지 못했다. 뉴런은 그 뒤로 20년이 더 지나서야 발견되었기 때문이다. 하지만 이 의사들도 뇌가 척수라는 수천 가닥의 섬유로 이루어진 굵은 다발 위에 얹혀 있다는 사실은 알고 있었다. 물론 섬유 가닥 하나하나가 현미경으로만 볼 수 있는 뉴런 다발이라는 것은 몰랐지만, 척수가 끊기면 몸이 마비된다는 것은 알고 있었다. 위쪽에서 끊어질수록 마비되는 곳이 더 넓었고, 뇌간과 연결된 곳에서 척수가 끊어지면 환자는 목숨을 잃었다.

　그래서 피니어스는 의사들의 흥미를 끌었다. 피니어스는 머리 뒤쪽에 있는 소뇌나 머리 아래쪽에 있는 뇌간을 다친 것이 아니었다. 피니어스는 머리 앞쪽을 다쳤고, 다짐 막대는 대뇌 피질의 전두엽을 뚫고 지나간 것 같았다. 피니어스가 대뇌 피질에 이만큼 손상을 입고도 목숨을 건졌다면, 도대체 대뇌 피질이 하는 일이 무엇일까?

당시 미국과 유럽 전역에서 의사들이 이 문제를 놓고 격렬하게 맞섰다. 앞서 말했듯이 의사들은 두 학파로 갈라져서 경쟁했다. 첫 번째 학파는 뇌를 하나의 '지성'이라고 생각했다. 다시 말해 뇌 전체가 서로 연결되어 하나의 '정신'을 이루고 있다고 생각한 것이다. 이 학파를 '전체파'라고 부르자. 이 사람들은 대뇌 피질이 형태 없는 구름이나 젤리 같은 물질이 담긴 방이고, 이 물질은 신비로운 '생명력'으로 움직인다고 생각했다. 이 생명력이 뇌의 곳곳을 서로 이어 준다는 것이다. 전체파는 생각이나 명령이 뇌 젤리 또는 뇌 구름 어디에서나 생겨나 번개같이 실행된다고 믿었다. 만약 뇌의 한 부위가 손상을 입으면 거기서 담당하던 기능이나 생각이 다른 부위로 넘어갈 것이라고 생각했다.

유감스럽게도 이 학설을 뒷받침할 확실한 증거는 없었다. 그래서 전체파는 자신들의 이론을 설명할 수 있는 특이한 사례를 찾아야 했다. 피니어스가 바로 그런 경우인 것 같았다. 하버드 의과대학의 비글로 박사도 그렇게 생각했다. 비글로 박사도 전체파였던 것이다.

반면, 비글로 박사의 경쟁자들은 뇌에 '기능 영역'이 있다고 믿었다. 다시 말해, 뇌는 특정한 일을 맡고 있는 여러 부분으로 나누어져 있다고 생각한 것이다. 이 사람들을 '영역파'라고 부르자. 이 학파는 프란츠 요제프 갈 박사를 따랐다. 갈 박사는 뇌가 사고와 감정, 의지를 관장한다고 선언하며 뇌 과학에 혁명을 일으켰다. 갈 박사는 자신이 연구하던 뇌 과학을 '골상학'이라고 불렀다.

영역파라고 부르든 골상학자라고 부르든, 갈 박사를 따르는 사람들은 뇌 속의 '기관'들이 저마다 특정한 기능을 맡고 있다고 믿었다. 그래서 '기관'의 위치를 정확하게 설명하기 위해 골상학 머리 도표를 그리기도 했다. 예를 들어 '존경심 기관'과 '자비심 기관'은 왼쪽 눈썹 바로 위에 있다고 추측했다.(다짐 막대가 피니어스의 어디를 관통했는지 기억하는가? 잊지 말고 계속 주목하도록.) 하지만 유감스럽게도 골상학자들은 뇌의 어떤 곳이 어떤 역할을 맡고 있는지 알아낼 길이 없었다. 그냥 뇌를 본다고 해서 '자비심'이 보이는 것은 아니었으니 말이다.

실험동물의 머리를 열고 뇌에 약한 전류를 흘려보내는 방법은 19세기 후반에 개발되었다. 과학자들은 그런 방법으로 특정한 근육을 저절로 움직이게 하거나, 특정한 감각을 더 예민하게 또는 완전히 무디게 만들기도 했다. 20세기 초에는 더 정교하면서도 덜 위험하게 뇌의 활동을 '볼' 수 있는 방법이 개발되었다. 나중에는 '뇌파계(EEG)'라는 장치를 이용해 두피에 전극을 붙여 뇌의 전기 신호를 도표로 그릴 수도 있게 되었다. 뇌파계는 뇌의 특정한 부위가 특정한 일을 할 때 일어나는 놀라운 전기 활동을 도표로 보여 주는 장치이다. 20세기 말에는 살아 있는 사람의 뇌 속에서 일어나는 전기 활동과 화학 활동을 '영상'으로 나타낼 수 있는 촬영 장치까지 발명되었다.

하지만 1850년 당시 영역파 또는 골상학자들은 단 하나의 생각이나 뇌파도 본 적이 없었다. 그래도 골상학자들은 굴하지 않고 뇌 '기관'들을 밝혀 나갔다. 골상학자들은 뇌 기관을 어떻게 알아냈을까? 다름 아닌 혹으로 알아냈다. 정말이다. 머리에 있는 혹으로.

골상학자들은 어떤 기관이 많이 발달하면 크기가 커져서 머리뼈를 밀고 혹처

생각을 생각하다 **53**

골상학 머리 도표는 확실히 눈을 잡아끄는 물건이다. 당구공처럼 반들반들한 머리에 각 '기관'의 윤곽이 섬세하게 그려져 있고 기관마다 이름이 적혀 있다. 19세기 중반에는 머리를 손으로 만지며 머리뼈가 들어가고 나온 곳을 찾아 이런 도표에 맞춰 보면서 성격을 '읽는' 실내 놀이가 유행했다. 헐턴 컬렉션, 토픽포토 에이전시 제공

럼 볼록 튀어나올 것이라고 생각했다. 반대로 어떤 기관이 덜 발달하면 크기가 작아져서 머리뼈가 오목하게 들어갈 것이라고 생각했다. 머리뼈를 손으로 한번 더듬어 보라. 혹처럼 볼록 튀어나온 곳과 오목한 곳이 만져질 것이다. 골상학자들은 '성욕 기관' 부분이 튀어나온 사람은 육체적 사랑에 재능이 있다고 생각했다. '자식애 기관' 부분이 오목하거나 푹 들어가 있는 사람은 아이들을 좋아하지 않는다고 생각했다.

당시 보스턴 의사들에게는 골상학이 진지한 학문이었다. 그런 때에 피니어스가 전체파와 영역파가 벌이던 논쟁 한가운데로 뛰어든 것이다. 양쪽 모두 피니어스가 자신들의 주장을 뒷받침하는 증거라고 보았다.

비글로 박사와 전체파 학자들은 만약 뇌의 어떤 기능이 반드시 특정한 영역에서만 일어난다면 피니어스는 죽었어야 마땅하다고 했다. 다짐 막대가 뇌를 뚫고 지나가면서 뇌의 일부가 없어졌기 때문이다. 뇌의 모든 부분이 꼭 필요한 것이라면 피니어스는 벌써 죽었어야 했다. 하지만 피니어스는 이렇게 살아서 보스턴에 왔다. 걷고, 말하고, 자기 몸을 돌볼 줄도 알았다. 따라서 전체파는 뇌 전체가 어떤 부위의 어떤 기능이든 할 수 있다고 주장했다.

> 자기 공명 영상(MRI)(자기장을 이용해 신체의 내부를 촬영하는 기술: 옮긴이) 덕분에 우리는 살아 있는 사람의 머릿속을 들여다보며 목구멍에서 척수까지 모든 것의 단면을 볼 수 있다. MRI 사진을 통해 뇌 속에 대뇌 피질의 여러 엽을 볼 수 있고, 두 반구를 이어 주는 뇌량과 머리 뒤쪽에 있는 소뇌와 뇌간을 볼 수 있다. 이 사진을 53쪽에 실린 골상학 도표와 비교해 보라. MRI 영상: 스콧 캔진·수 트레이너, 이미지클릭 제공

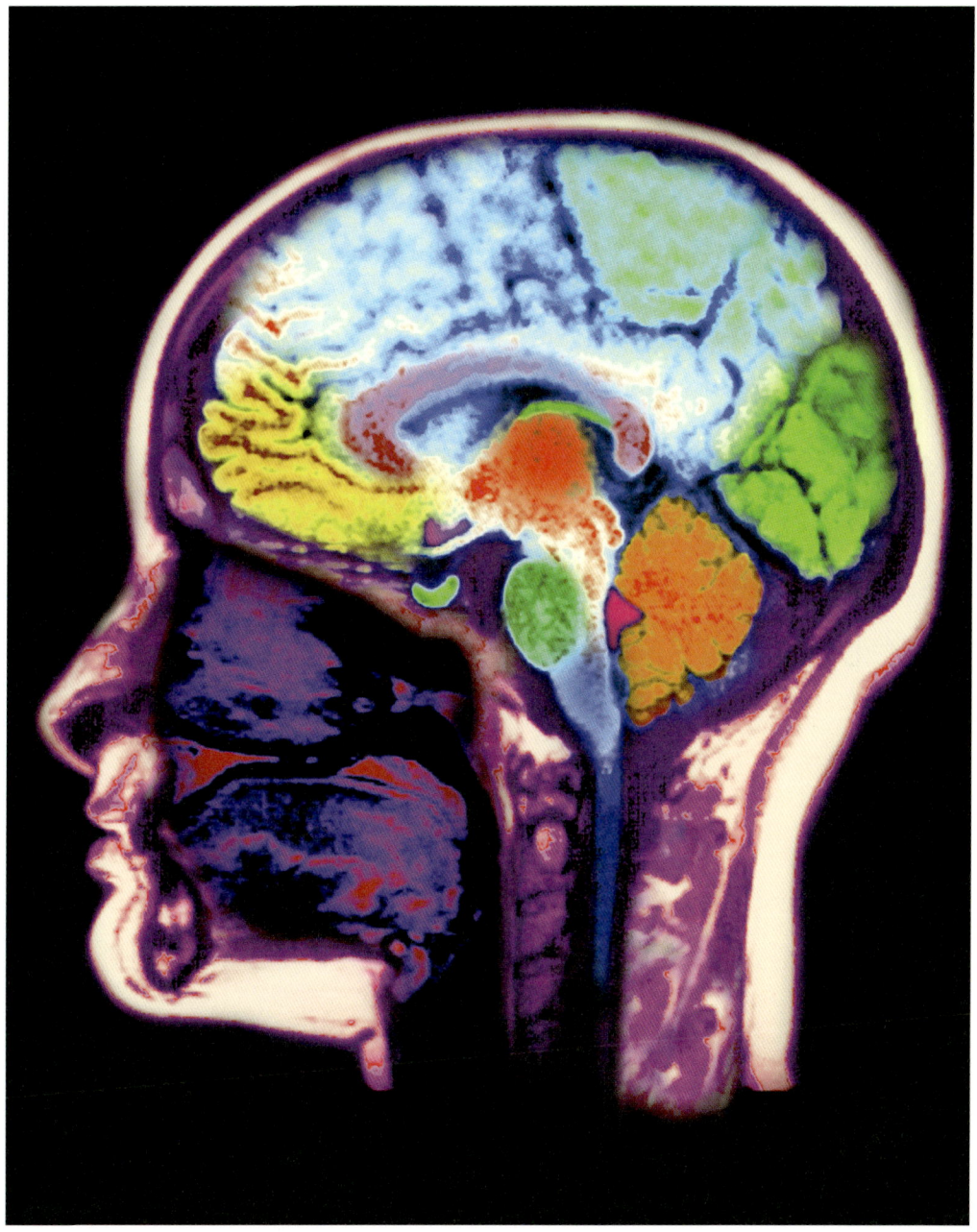

한편 할로 박사는 영역파였다. 정확히는 영역파의 주요 인사들과 친구였다. 영역파는 영역파대로 피니어스가 자기네 이론을 뒷받침하는 증거라고 말했다. 영역파는 다짐 막대가 생명에 큰 영향을 미치지 않는 뇌 기관만 손상시켰기 때문에 피니어스가 살아 있다고 주장했다.

그런데 영역파 또는 골상학자들이 모든 사실을 알고 주장을 펼친 것은 아니었다. 피니어스가 보스턴에 갔을 때 할로 박사는 환자의 인격 문제에 대해서는 자세히 이야기하지 않았다. 하지만 할로 박사는 골상학계의 거물로 뉴잉글랜드(버몬트, 뉴햄프셔, 매사추세츠, 코네티컷, 로드아일랜드, 메인 주를 아우르는 미국 북동부 지역: 옮긴이) 곳곳에서 강의를 하던 넬슨 사이저 박사에게는 진실을 조금 털어놓았다. 할로 박사는 사이저 박사에게 '완전히 회복한' 피니어스가 예전의 피니어스가 아니라는 말을 슬쩍 흘렸다. 사이저 박사는 누구에게 들은 말인지는 밝히지 않은 채 1851년 〈미국 골상학 저널〉에 이렇게 보고했다.

"확실한 정보에 따르면 이 남자는 회복한 뒤에, 그리고 회복하는 중에도 상스러운 욕설을 하고, 야비하고 저속하게 굴었다고 한다. 그 정도가 얼마나 심했는지 점잖은 사람들은 도저히 그 사람과 함께 있을 수 없었다."

사이저 박사의 보고는 영역파 또는 골상학자들이 무척 반가워할 만한 소식이

이것은 골상학자 L.N. 파울러가 만든 도자기 흉상이다. 진지한 골상학자들은 이 흉상을 참고해 머리의 올록볼록한 부분을 만지면서 뇌의 '기관'들이 어디에 있는지 알아냈다. 하지만 골상학은 과학자들이 더 믿을 만한 방법으로 뇌를 연구하게 되면서 신뢰성을 잃었다. 이 사진을 91쪽의 '관상' MRI 영상과 비교해 보라. 사진: D. 파커, 타임스페이스 제공

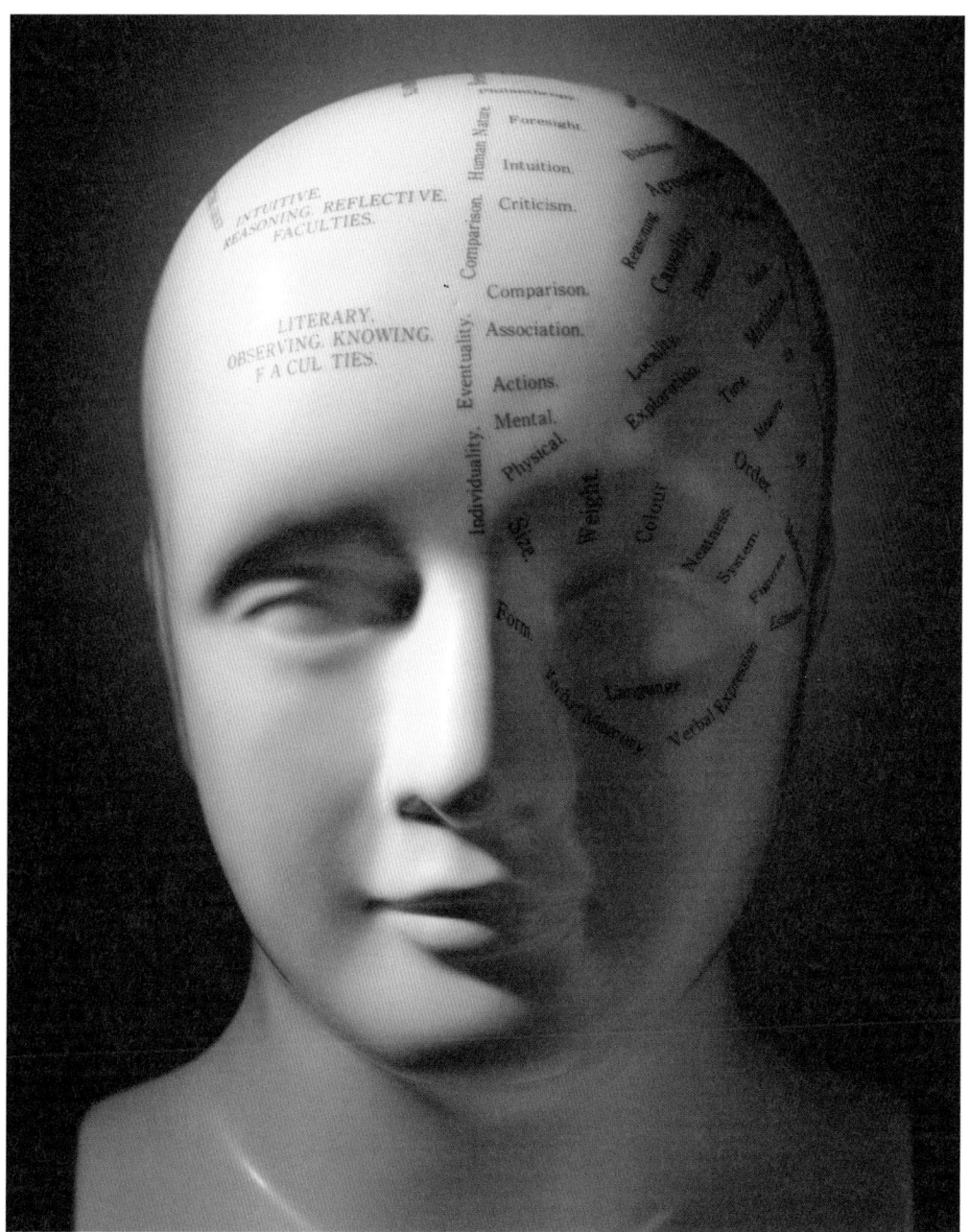

* 한글 표기는 111페이지를 볼 것

었다. 사이저 박사는 이렇게 설명했다.

"우리의 기억이 맞는다면, 쇠로 만든 다짐 막대는 자비심 기관과 존경심 기관이 있는 곳을 지나갔기 때문에 이 두 기관이 더 이상 성격에 영향을 미치지 못하게 되었다. 그래서 이 남자는 욕설을 쓰고, 남을 존중하는 마음과 친절함을 잃어버린 것이다."

영역파 학자들의 주장은 뇌의 기능이 나뉘어 있다는 점은 어느 정도 맞았지만, 골상학에서 말하는 것 같은 기관이 있다는 점은 완전히 틀렸다. 전체파 학자들의 주장은 뇌 전체가 복잡하게 연결되어 있다는 점은 맞았지만, 뇌가 한 덩어리로 작동한다는 점은 틀렸다.

뇌 속에 들어 있는 1000억 개의 뉴런은 아무렇게나 연결되어 있지 않다. 대뇌 피질 속의 뉴런이 모이면 '국소 회로'를 이룬다. 국소 회로가 모이면 '피질하 핵'이 되고, 피질하 핵이 모이면 '피질 영역'이 되고, 피질 영역이 모이면 '계'가 된다. 그리고 계가 모여 더 큰 계가 되며, 그 큰 계들이 모여 우리 몸이 되는 것이다.

특정한 부분이 특정한 기능이나 행동을 맡고 있기는 해도, 뇌는 우리가 생각하는 것만큼 '논리적'이지 않다. 같은 영역에서 담당할 법한 능력들이 대뇌 피질 여기저기에 흩어져 있기도 하다. 책을 읽거나 아는 사람의 얼굴을 알아보는 능력과 자기가 똑바로 서 있는지 아닌지 느끼는 능력은 대뇌 피질의 서로 다른 영역에서 담당한다. 하지만 한 영역에서 담당하는 기능들이 뇌의 다른 부분과 서로 작용하면서 조절되기도 한다.

1920년 무렵, 하버드 의과대학 학생들이 피니어스 게이지의 두개골 주위에 모여 있다. 탁자 왼쪽 구석에는 비글로 박사가 피니어스의 머리를 본떠 만든 실물 크기 석고상이 놓여 있다. 두개골은 오래되어 약해진 탓에 이제 눈으로 보기만 할 수 있지만, 사람들은 유명한 피니어스 게이지를 보러 지금도 하버드 의과대학 카운트웨이 도서관을 찾고 있다. 하버드 의과대학 카운트웨이 의학 도서관 제공

결국 인간의 뇌는 기능이 나누어져 있으면서도 각 부분이 서로 연결되어 있는 것으로 밝혀졌다. 오늘날 우리는 1850년의 골상학자들이나 전체파 학자들보다 뇌를 훨씬 많이 알고 있지만, 아직도 우리가 알고 있는 부분은 대강의 윤곽에 지나지 않는다.

1850년에 비글로 박사는 보스턴 의사들에게 이렇게 말했다.

"모든 상황을 고려해 볼 때 지금이 바로 뇌 손상의 역사에서 가장 주목할 만한 시대가 아닌가 하는 생각이 듭니다."

비글로 박사는 또 피니어스 씨가 친절하게도 그 유명한 다짐 막대를 하버드 의과대학에 기증하기로 했다고 말했다. 비글로 박사는 피니어스의 머리를 본떠 만든 석고상도 함께 기증했다. 그렇게 석고상은 보스턴에 남게 되었다. 하지만 다짐 막대는 얼마 안 돼 피니어스와 함께 사라져 버렸다.

피니어스 게이지를 따라

피니어스 게이지의 이야기는 유명해졌다. 사람들은 유명한 이야기를 되풀이할 때마다 더 재미있게 꾸미곤 한다. 그렇게 만들어진 유명한 이야기에 따르면 피니어스는 보스턴의 의과대학에서 몇 주 동안 빈둥거리다 보니 좀이 쑤셔서 견딜 수 없었다고 한다. 피니어스는 다짐 막대를 도로 가져와 길을 떠났다. 피니어스는 뉴잉글랜드의 도시 여기저기를 돌아다니다가 마지막으로 뉴욕 브로드웨이에 있는 P.T. 바넘의 아메리카 박물관으로 갔다. 바넘 박물관은 우리가 아는 박물관과는 전혀 다른 곳이었다. 그곳에서는 신기한 사람이나 동물을 전시했다.

그때는 사람들이 돈을 내고 '살아 있는 거인'이나 '수염 난 여자', 머리 둘 달린 송아지를 구경하곤 했다. 사람이란 기괴하고 이상한 것이 있으면 넋을 잃고 바라보게 마련이다. 바넘은 이상한 것들을 '더 이상하게 꾸미는' 특별한 재능이 있었다. 박물관으로 크게 성공한 것도 과장 광고를 하고 허풍을 떤 덕분이었다.

바넘은 '털북숭이 말' 같은 동물로 사람들을 끌어모았다. 바넘은 그 말이 사슴과 물소와 코끼리와 낙타와 양이 뒤섞인 새로운 동물이라고 했지만, 사실은 그저 털이 길고 괴상하게 생긴 말일 뿐이었다. 그나마 털북숭이 말은 살아 있는 진짜 말이었다. 하지만 바넘이 '인어' 화석이라고 소개한 것은 순 엉터리로, 뼈다귀와 말라비틀어진 가죽에 알 수도 없는 것들을 잔뜩 붙여 만든 가짜 화석이었다. 바넘은 그 '인어'를 오랑우탄이나 회색곰처럼 멀리서 들여온 진짜 동물과 나란히 전시했다.

바넘은 박물관 밖은 뉴욕에서 가장 밝은 불빛으로 휘황찬란하게 꾸몄지만, 박물관 안은 일부러 조명을 어둡게 했다. 안에서는 배우와 곡예사, 유리 부는 사람들이 구경꾼들 사이를 돌아다니며 묘기를 보여 주느라 귀가 먹먹할 만큼 시끄러웠다.

이렇게 난리법석인 곳에서, 그저 이마에 보기 싫은 흉터가 있고 쇠막대를 들고 있을 뿐인 평범한 젊은이가 조금이라도 사람들의 눈길을 끌었을까? 들리는 말에 따르면 피니어스는 바넘 박물관에서 다짐 막대와 함께 자기 자신을 전시했다고 한다. 피니어스가 박물관에서 지내던 때를 가장 흥미진진하게 묘사한 사람은 보스턴의 라디오와 텔레비전 기자였던 앨턴 블래킹턴이다.

블래킹턴은 피니어스가 세상을 떠난 지 100년 뒤 방송에서 피니어스에 대해

뉴욕 브로드웨이에 있던 P.T. 바넘의 아메리카 박물관. 피니어스의 어머니는 아들이 이곳에서 구경거리가 되었다고 했다. 바넘은 그 시대의 가장 요란한 흥행사이자 최고의 사기꾼이었다. 머리에 구멍이 뚫린 사나이, 피니어스는 바넘이 허풍을 떨며 선전한 이상한 사람들과 놀라운 구경거리들 속에서 잘 어울려 지냈을까? 1850년 무렵에 찍은 바넘 박물관 전경. 사진: 헐턴 컬렉션, 멀티비츠 이미지 제공

이야기했다. 블래킹턴에 따르면 바넘 박물관은 피니어스를 '머리에 구멍이 뚫리고도 살아 있는 단 한 사람'으로 선전했다고 한다. 블래킹턴은 이렇게 말했다.

"포스터와 전단에는 머리에 커다란 쇠막대가 꽂힌 채 씩 웃고 있는 건장한 젊

은이가 그려져 있었다. 당연히 실제로 머리에 쇠막대가 꽂혀 있지는 않았다. 쇠막대는 피니어스 게이지가 들고 있었다. 피니어스는 구멍 뚫린 두개골도 하나 들고 있었는데, 막간 공연을 할 때 두개골 구멍에 긴 쇠막대를 넣어 자기가 어떻게 다쳤는지 보여 주곤 했다. 자세한 내용은 피니어스가 파는 책자에 실려 있었다. 그래도 의심스러운 사람은 10센트를 내고 머리카락을 들춰 남아 있는 뇌를 직접 볼 수도 있었다. 게이지의 뇌는 새로 덮인 얇은 살갗 밑에서 펄떡펄떡 뛰고 있었다."

블래킹턴의 이야기는 흥미진진했지만, 유감스럽게도 그 내용이 사실인지는 확인할 수 없다. 피니어스의 어머니가 할로 박사에게 한 말에 따르면 실제로 피니어스가 보스턴을 떠난 뒤 다짐 막대를 들고 "뉴잉글랜드의 거의 모든 대도시를 돌아다녔으며, 뉴욕에 가서는 잠시 다짐 막대와 함께 바넘 박물관에 있었다."라고 한다. 하지만 알려진 사실은 그것이 전부이고, 블래킹턴이 한 이야기는 어디서 나왔는지 알 수 없다.

현대에 와서 호주의 심리학자이자 세계 최고의 피니어스 게이지 연구가인 맬컴 맥밀런 교수가 엄청난 노력을 기울여 이 이야기를 추적했다. 맥밀런 교수는 바넘 전문가에게 묻기도 하고, 옛날 신문 더미와 당시의 일기장, 서커스 박물관을 뒤지기도 했다. 하지만 피니어스의 흔적은 아무 데도 없었다. 맥밀런 교수가 보기에 믿을 만한 말을 한 사람은 할로 박사뿐이었다. 할로 박사는 1850년에 피니어스가 보스턴을 떠난 뒤에는 오직 피니어스의 어머니에게서만 피니어스의 소식을 들었다고 했다.

피니어스의 어머니에 따르면 피니어스는 1851년 초에 뉴욕을 떠나 가족들이 있는 뉴햄프셔로 돌아와서 하노버 근처 마을의 조너선 커리어 씨가 운영하는 말 보관소에서 일했다고 한다.

피니어스는 사람들과 어울릴 때는 어땠는지 몰라도, 말과 함께 있을 때는 아무 문제가 없었다. 피니어스는 커리어의 말 보관소에서 일 년 반 동안 일했다. 어머니가 기억하기로는 몸도 건강했다. 피니어스는 어린이나 동물과 함께 있을 때 가장 행복해 보였다. 그러다 1852년, 피니어스는 하노버에서 낯선 사람을 만났다. 그 사람은 남아메리카 칠레에 가서 발파라이소에서 산티아고에 이르는 역마차 노선을 만들겠다는 큰 계획을 세우고 있었다. 그러면서 말을 잘 다루는 사람에게 일자리를 주겠다고 했다. 1852년 8월, 피니어스는 역마차 마부로 새로운 삶을 살기 위해 뉴잉글랜드를 영원히 떠나 칠레로 갔다.

그런데 여기서부터 한동안 자취가 흐릿해진다. 어머니는 피니어스가 지구 반대편에서 말 여섯 필이 끄는 역마차를 몰 것이라고만 이야기했다. 낯선 사람의 이름은 알 수 없었다. 하지만 뉴햄프셔 주 콩코드에 있는 애벗 다우닝사의 1852년 8월 주문장에 작은 실마리가 있었다.

1852년에 애벗 다우닝사는 세계에서 가장 고급스럽고 튼튼한 역마차를 만들고 있었다. 콩코드 마차라고도 한 이 마차는 우편물과 승객을 싣고 서부 초원과 사막을 가로지르던 황야의 역마차로 유명했다. 1852년의 애벗 다우닝사의 주문서에는 제임스 맥길이라는 사람이 콩코드 마차 한 대를 주문했다고 적혀 있었다. 칠레 발파라이소에 새로 마차 노선을 만들기 위해서. 이 제임스 맥길이라

뉴햄프셔에서 만든 콩코드 역마차. 그림에서는 말 네 필이 끌고 있지만, 보통은 여섯 필이 끈다. 이 마차가 칠레를 달리고 있을 즈음에 피니어스도 칠레에 도착했다. 고삐를 쥐고 있는 사람이 피니어스인지는 알아낼 방법이 없다. 뉴햄프셔 역사학회 제공

는 사람이 피니어스에게 일자리를 준 낯선 사람일까? 맥밀런 교수는 이 사람이 맞을 수도 있다면서 지금도 뉴햄프셔나 칠레 쪽의 증거를 찾아보고 있다.

콩코드 마차는 커다란 나무 바퀴를 단 괴물이었다. 말 여섯 필에 승객 아홉

명, 무장한 경호인 한 명에 우편물, 화물까지 가득 실으면 6톤이 넘는 무지막지한 물체가 굴러가는 셈이었다. 마부는 이 모든 것을 고삐와 채찍과 힘없는 나무 브레이크 하나로 조종했다. 결코 만만한 일이 아니었다. 마부는 두 주먹 가득 고삐를 그러쥐었다. 왼손에는 왼쪽 말들의 고삐 세 벌, 오른손에는 오른쪽 말들의 고삐 세 벌. 채찍은 마을에 도착할 때나 보기 좋게 휘두르는 정도였다. 실제로는 대부분 손에 쥔 고삐와 목소리만으로 짝을 지어 나란히 달리는 말들을 조

종해 속력을 늦추거나 멈춰 세우며 마차를 몰았다.

맥밀런 교수가 확실한 증거를 찾기 전까지는 피니어스가 칠레에서 콩코드 역마차를 몰았다고 딱 잘라 말할 수 없다. 하지만 마부라는 직업은 어디에서나 마찬가지였을 것이다. 힘들고 고되지만, 때로는 신 나는 일도 있었을 것이다. 피니어스 어머니의 말에 따르면 피니어스는 거의 7년 동안 정해진 시간표대로 발파라이소와 산티아고 사이의 갓 닦은 길을 달렸다고 했다.

알고 싶은 것은 많지만, 아마 피니어스가 칠레에서 어떻게 지냈는지는 결코 알 수 없을 것이다. 피니어스가 에스파냐어를 배웠을까? 아니, 배울 수나 있었을까? 혹시 외톨이였을까? 같은 역마차 회사에 계속 있었을까, 아니면 여기저기 일자리를 옮겨 다녔을까? 칠레에서도 사람들에게 자신이 겪은 사고 이야기를 들려주었을까?

비록 이런 사실을 알아낼 수는 없어도, 마부석에 앉아 있는 피니어스의 모습은 상상해 볼 수 있다. 두 주먹 가득 고삐를 모아 쥐고, 얼굴은 먼지투성이에 칠레의 햇볕을 가리려고 모자를 눈 위까지 푹 눌러쓰고 있다. 피니어스는 말들에게만 주의를 집중하며 덜컹거리는 커다란 마차를 언덕길 위로 몰고 간다. 오랜 습관이 몸에 배어 직감에 따라 재빨리 판단을 내린다. 피니어스는 말을 어떻게 다루어야 하는지 잘 알고 있다. 고삐를 어떻게 잡아야 하는지도 알고 있다.

피니어스의 칠레 시절에 대해 우리가 알고 있는 사실이 한 가지 더 있다. 피니어스는 다짐 막대를 갖고 있었다. 의자 밑에 실었든 손 닿는 곳에 두었든, 피니어스는 어디든지 다짐 막대를 들고 다녔을 것이다.

피니어스가 뱃멀미로 비틀거리며 내려선 1859년 무렵의 샌프란시스코. 당시 샌프란시스코는 아메리카 대륙 끄트머리에 있는 변두리 마을이었다. 샌프란시스코 공공 도서관 샌프란시스코 역사 센터 제공

그러다 1859년, 피니어스는 캘리포니아 주 샌프란시스코에 있는 여동생네 집에 나타났다. 여동생 피비는 데이비드 섀턱과 결혼하여 뉴햄프셔 주를 떠나 샌프란시스코로 이사 갔고, 어머니도 여동생과 함께 살고 있었다. 1859년 7월,

피니어스는 몹시 아픈 몸을 이끌고 배를 타고 와 샌프란시스코에서 내려 간신히 여동생의 집을 찾아갔다. 어머니는 피니어스가 뉴햄프셔에서 마지막으로 보았을 때와 달리 '연약한 상태'였다고 했다. 피니어스는 어머니에게 배를 오래 타서 그런 것뿐이라고 했다. 1852년에 처음 칠레에 갈 때도 뱃멀미를 심하게 했다면서 말이다. 이윽고 피니어스는 다시 건강해진다. 몇 달 뒤에는 완전히 몸이 나은 것 같았다.

피니어스는 샌프란시스코에서 말 잘 듣는 환자가 아니었다. 피니어스는 도무지 가만히 쉬지를 않았다. 그도 그럴 것이, 피니어스는 집안의 농사일부터 철도 공사, 말 보관소, 칠레 역마차 마부 일까지 평생 고된 일만 하며 살아온 사람이었다. 몸이 조금씩 좋아지자 피니어스는 당장에라도 나가서 다시 일을 하고 싶어 했다. 마침내 피니어스는 산타클라라라는 작은 마을 근처의 농장에서 밭 가는 일을 하게 되었다. 피니어스는 어머니에게 아무 문제 없이 일하고 있다고 했지만, 곧 농장 주인과 말다툼을 벌이고 다른 농장으로 옮겼다. 그 뒤로도 계속 일터를 바꾸었다. 어머니의 말에 따르면 "무슨 일을 하든 늘 뭔가 마음에 안 드는 부분이 있었다." 그해 2월, 피니어스는 다시 샌프란시스코에 있는 여동생 집을 찾아왔다. 그리고 저녁을 먹다가 갑자기 '간질'을 일으켰다.

간질은 정확히 말하면 간질성 발작으로, 질병이라기보다 여러 가지 증상이 복합된 것이다. 간단히 말해 간질성 발작은 뇌 속의 신경 세포에서 일어나는 전기 폭풍이다. 이 폭풍은 뇌의 한 영역에서 시작해 다른 영역으로 번지며, 때때로 자신의 의지와 상관없이 근육을 경련시킨다. 발작은 비교적 흔히 나타나는 증상으로, 200명 중 한 명은 살면서 약하든 심하든 발작을 경험한다.

간질성 발작은 병이 아니라 증상이기 때문에 발작의 원인이 아주 다양하다. 유전일 수도 있고, 머리 속에 종양(우리 몸에서 비정상적으로 자라난 조직 덩어리: 옮긴이)이 생겼거나 머리를 세게 부딪친 일이 원인일 수도 있다. 오늘날에는 간질성 발작 증상 대부분을 '항경련제'라는 강력한 약으로 다스린다. 내버려 두면 자칫 뇌가 손상될 수도 있기 때문이다.

1860년에는 심한 간질성 발작이 일어나면 손을 쓸 수 없었다. 샌프란시스코 의사들이 피니어스에게 해 줄 수 있는 일이라고는 이런저런 이론을 들려주고, 아무 소용도 없는 약을 처방하고, 이렇게 저렇게 몸조리를 하라고 일러 주는 것뿐이었다.

피니어스는 여동생네 식탁에서 처음 발작을 일으켰을 때는 아무것도 기억하지 못하고 아무 부작용도 없이 곧바로 회복했다. 그 뒤 몇 시간에 걸쳐 발작을 두 번 더 일으켰다. 그러나 이튿날 아침에 일어나 보니 몸이 예전처럼 좋아진 것 같아서 다시 일터로 돌아가겠다고 고집을 부렸다. 피니어스는 산타클라라로 돌아갔고 일하는 농장을 또 옮겼다. 그러다 5월에 어머니를 보러 다시 샌프란시스코로 왔다. 피니어스는 좋아 보였다. 이틀 뒤 새벽 다섯 시, 피니어스는 심한 발작을 일으켰다. 그리고 다시, 또다시 발작을 일으켰다. 발작 간격은 점점 짧아졌다.

여동생네 가족의 담당 의사가 와서 '피를 빼' 주었다. 의사는 피니어스의 몸 속에 피가 너무 많다고 보고 '남는' 피를 빼낸 것이다. 환자의 피를 빼는 치료는

1860년 무렵까지도 사라지지 않고 남아 있었다.

이 치료법은 고대 그리스의 '체액' 이론까지 거슬러 올라간다. 하지만 1860년에는 이미 시대에 뒤떨어진 치료법이었다. 1848년에 버몬트에서 피니어스가 열이 펄펄 끓었을 때도 할로 박사가 피를 빼 준 적이 있었다. 그때 할로 박사는 자기도 모르게 피니어스를 위험에서 구해 주었는지도 모른다. 피를 빼서 혈압이 조금 내려갔다면 부은 뇌의 압력이 어느 정도 낮아졌을 수 있기 때문이다. 하지만 간질성 발작 환자에게 피를 빼는 치료는 아무 소용이 없었다.

피니어스가 발작을 일으킨 까닭은 아마도 사고 때 손상된 뇌 조직이 서서히 변형되었기 때문일 것이다. 왜 나이가 들면서 손상이 심해졌는지는 알 수 없다. 어쩌면 다시 머리를 부딪쳤을 수도 있고, 역마차가 끊임없이 덜컹거린 탓에 예전에 손상되었던 부분이 충격을 받았을 수도 있다. 이유는 알 수 없었지만, 피니어스의 발작은 점점 심해지고 잦아졌으며 발작을 겪을 때마다 몸은 더욱더 약해졌다.

1860년 5월 21일, 피니어스는 샌프란시스코의 여동생 집에서 숨을 거두었다. 직접적인 사망 원인은 아마도 저체온증, 다시 말해 신체가 내부 온도를 조절하지 못했기 때문일 것이다.

조난당한 등산가나 차가운 물에 빠진 선원들은 종종 저체온증 때문에 죽는다고 하는데, 간질성 발작이 일어나면 얼음처럼 차가운 물속에 있는 것과 비슷한 결과를 불러올 수 있다. 차가운 물에 들어가면 몸이 덜덜 떨리면서, 즉 근육이 경련하면서 체온이 올라간다. 그러다 더욱 심하게 몸을 떨면 자신은 깨닫지 못하지만 근육에서 나는 열을 식히려고 땀이 난다. 결국 근육은 열을 보충하는 속도보다 더 빨리 열을 내보내게 된다. 그러면 혈액의 온도가 내려가기 시작한다. 몸속의 여러 기관, 특히 뇌와 심장은 체온이 일정해야 제대로 움직인다. 뇌는 혈액의 온도가 떨어지는 것을 감지하면 자기를 지키려고 자동으로 손이나 발로 피를 보내지 않는다. 그러면 손발의 감각이 없어진다. 그래도 계속 열을 빼앗기면 뇌는 피부로 가는 피까지 막고, 우리 몸은 피가 통하지 않는 곳이 점점 넓어진다.

피니어스의 근육에서 일어난 발작도 같은 결과를 낳았다. 뇌가 손발로 피를 보내지 않더니, 다음에는 피부, 다음에는 장기로 차례차례 피를 보내지 않았다. 마침내 뇌는 뇌와 심장 가운데 어느 곳으로 피를 보낼지 선택해야 했다. 잠시 뒤 심장이 멎었다. 서른일곱 번째 생일을 맞지 못한 채, 피니어스는 그렇게 세상을 떠났다.

피니어스는 샌프란시스코의 로럴 힐 공동묘지에 묻혔다. 샌프란시스코 사람이 아니었기 때문에 가족 말고는 피니어스의 희한한 과거를 아는 사람도 거의 없었고, 피니어스의 장례식 소식이 신문에 실리지도 않았다. 하지만 피니어스가 죽었다는 소식은 친척들을 통해 천천히 대륙을 가로질러 퍼져 나갔다. 그동안 동쪽에서는 남북 전쟁(1861년에서 1865년까지 미국에서 연방을 탈퇴하려는 남부와 연방 정부 사이에 벌어진 전쟁: 옮긴이)의 조짐이 일었다. 이듬해 4월에 마침내 전쟁이 터졌고, 의사들은 피니어스보다 더 급한 문제에 정신을 쏟았다.

1861년, 샌프란시스코와 지구 반대쪽에 있는 프랑스 파리에서 폴 브로카라

는 의사가 마침내 뇌 과학의 시대를 열 만한 발견을 했다. 브로카 박사는 뇌의 아주 작은 부위가 손상되면 특정한 증상이 나타난다는 사실을 밝혔다. 브로카 박사도 살아 있는 뇌를 조사할 수는 없었지만, 뇌졸중으로 사망한 환자들을 부검할 수는 있었다.

뇌졸중은 뇌에 피가 공급되지 않아 뇌의 일부가 손상을 입는 증상으로, 뇌졸중 환자들은 종종 말을 할 수 없게 된다. 브로카 박사는 말하는 능력을 잃은 뇌졸중 환자들의 뇌를 관찰해 왼쪽 전두엽 바깥쪽에 작은 손상이 있다는 것을 알아냈다.

이곳을 '브로카 영역'이라고 한다. 이곳을 찾으려면 왼쪽 귀 윗부분, 귓구멍 바로 위에 손을 대 보라. 그런 다음 손을 5센티미터쯤 앞으로 옮겨라. 거기가 바로 '브로카 영역'이다. 브로카 영역이 손상되면 말을 할 수 없게 된다. 의학 용어로 '실어증'에 걸리는 것이다.

브로카 박사가 브로카 영역을 발견해 발표한 지 얼마 뒤, 독일의 카를 베르니

피니어스는 무덤에서 편히 잠들지 못했다. 1867년에 할로 박사에게 한 번 방해를 받았고, 1940년에 급속하게 커지는 도시에 밀려 또 한 번 방해를 받았다. 샌프란시스코 시는 피니어스가 묻힌 옛 묘지 땅이 필요해지자 피니어스와 어머니, 여동생의 남편을 비롯한 샌프란시스코 개척자들의 유골 3만 5천여 구를 파내 시 외곽의 공동묘지로 옮겼다. 묘비와 묘석은 화물차에 싣고 가 땅에 묻었다. 1944년에 폭풍이 몰아쳐 도로가 무너지자 그동안 사라진 줄 알았던 묘비들이 모습을 드러냈다. 사진에서 소년들이 묘석 더미를 기어오르며 구경하고 있다. 피니어스의 무덤에 묘비가 있었다면 이 돌 무더기 어딘가에 파묻혀 있을 것이다. 샌프란시스코 공공 도서관 샌프란시스코 역사 센터 제공

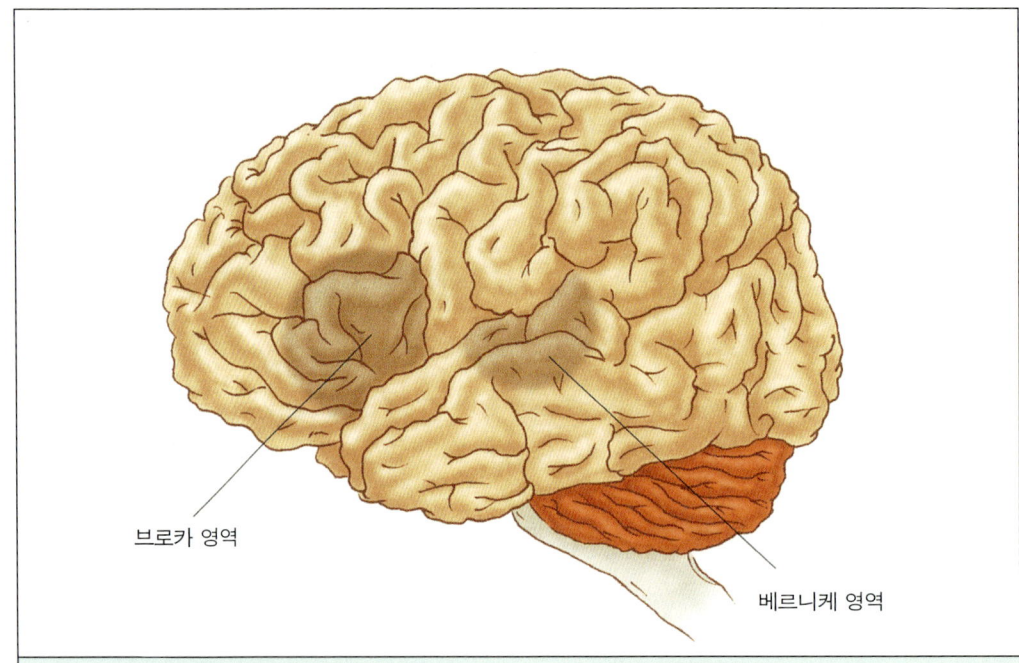

브로카 영역

베르니케 영역

1861년, 폴 브로카는 왼쪽 전두엽 아랫부분이 말하는 능력을 담당하는 영역이라는 사실을 알아냈다. 브로카 영역의 발견으로 골상학과 전체파의 학설은 모두 효력을 잃었다. 얼마 안 있어 카를 베르니케가 왼쪽 측두엽에 언어 이해를 담당하는 영역이 따로 있다는 것을 발견했다. 그림: 제리 맬론

케 박사가 왼쪽 측두엽에 언어 이해를 담당하는 영역이 따로 존재한다는 것을 밝혀냈다. 다른 사람이 한 말을 이해하지 못하는 증상을 '수용성 실어증'이라고 한다.

 말을 하는 능력과 말을 이해하는 능력을 뇌의 서로 다른 장소에서 담당할 줄이야 누가 상상이나 했겠는가? 브로카 영역과 베르니케 영역은 각종 뇌 기능을 담당하는 영역이 따로 있다는 이론을 해부학적으로 밝힌 최초의 증거였다. 잇

따라 다른 뇌 연구자들이 전압이 낮은 전기로 뇌의 특정 부위를 자극하는 방법을 알아냈다. 그 뒤로 뇌의 영역을 표시한 지도는 점점 세밀해졌다.

새로 만든 과학적인 뇌 지도는 지금까지 보아 온 골상학 머리 도표와는 아무 상관이 없었다. 뇌 기능이 나누어져 있다는 주장이 맞긴 했지만, 골상학의 권위는 땅에 떨어졌다. 전체파 학자들도 혼란스러워했다. 브로카 영역과 베르니케 영역이 언어 능력을 담당한다면, 전두엽에 큰 손상을 입은 피니어스는 어떻게 말을 할 수 있었을까? 할로 박사는 분명히 피니어스가 완전히 회복했다고 말했다. 보스턴의 의사들은 피니어스 사건을 거의 기억하지 못했고, 할로 박사조차 피니어스와 소식이 끊긴 상태였다.

할로 박사가 피니어스를 다시 찾았을 때는 너무 늦은 뒤였다. 1852년에 피니어스가 칠레로 떠난 뒤로 할로 박사는 피니어스의 가족과 연락이 끊겼다. 할로 박사는 가장 유명했던 환자가 어떻게 살고 있는지 혼자서 궁금해했다. 그러다 남북 전쟁이 끝난 다음 해인 1866년, 샌프란시스코에 있는 피니어스 어머니의 집 주소를 알게 되었다. 매사추세츠 주 우번에서 작은 진료소를 운영하고 있던 할로 박사는 멀리 미국 대륙 반대편에 있는 피니어스의 어머니에게 편지를 보냈다. 어머니는 아들을 많이 도와주었던 의사의 연락을 받고 기뻐했다. 하지만 안타깝게도 아들이 여섯 해 전에 세상을 떠났다는 슬픈 소식을 전할 수밖에 없었다.

부검을 하기에는 이미 너무 늦었고, 캘리포니아는 너무 멀었다. 하지만 할로 박사는 포기하지 않았다. 할로 박사와 피니어스의 어머니는 여러 번 편지를 주

존 마틴 할로 박사는 늘그막에 우번에서 주 의회 상원 의원이자 주지사 고문, 은행장까지 지냈다. 할로 박사는 1907년에 세상을 떠나면서 미들섹스 카운티 의학회를 비롯해 여러 자선 단체에 많은 재산을 기부했다. 미들섹스 카운티 의학회는 할로 박사가 기부한 돈의 일부를 1998년에 버몬트 주 캐번디시의 잔디밭 광장에 피니어스의 청동 기념비를 세우는 데 보탰다. 하버드 의과대학 카운트웨이 의학 도서관 제공

고받았다. 피니어스의 어머니는 아들이 죽기 전에 어떤 병을 앓았는지 이야기했다. 의사들의 주목을 받던 보스턴에서 떠난 뒤 어떻게 살았는지도 자세히 가르쳐 주었다. 피니어스는 어린 조카들을 무척 귀여워했다고 한다. 할로 박사가 적어 둔 어머니의 말에 따르면 피니어스는 조카들과 놀아 줄 때 "아무 근거도 없이 상상으로 이야기를 지어내 놀라운 무용담과 아슬아슬한 모험담을 멋지게 들려주었다."

할로 박사는 이렇게 결론을 내렸다.

"피니어스는 어린이와 말, 개를 무척 좋아했다. 하지만 딱 한 가지 더 애착을 보인 것은 다짐 막대였다. 다짐 막대는 피니어스 게이지의 남은 생애 내내 변함없는 벗이었다."

마침내 할로 박사는 피니어스의 사례가 과학에 얼마나 중요한지 설명하면서 특이한 부탁을 했다. 비글로 박사가 처음 보스턴에서 피니어스를 소개했을 때 얼마나 많은 사람들이 비웃었던가. 하지만 이제 문제를 마무리 지을 방법이 있었다. 피니어스의 어머니가 아들의 시신을 무덤에서 꺼내도록 허락해 준다면. 그리고 두개골을 매사추세츠 주로 보내 주기만 한다면.

무슨 이런 부탁이 다 있을까. 피니어스의 어머니는 할로 박사를 대단히 존경했던 게 틀림없다. 그렇지 않고서야 어찌 그런 부탁을 받아들였겠는가? 사람들은 피니어스 여동생의 남편인 데이비드 섀틱과 의사였던 샌프란시스코 시장이 증인으로 지켜보는 가운데 피니어스의 관을 파내 헛간으로 옮겼다. 거기서 마을의 외과 의사인 스틸먼 박사가 두개골을 꺼냈다. 앞머리에 뼈가 심하게 부러진 곳이 뚜렷이 보였다. 스틸먼 박사는 관에서 뭔가를 더 꺼냈다. 바로 다짐 막대였다. 피니어스는 살아 있을 때 늘 들고 다니던 다짐 막대를 무덤까지 가져간 것이었다. 그해 12월, 데이비드 섀턱은 일 때문에 동쪽으로 가는 길에 두개골과 다짐 막대를 가져갔다. 이듬해 초, 할로 박사는 매사추세츠 주에서 섀턱에게 두개골과 다짐 막대를 넘겨받고 몹시 고마워하며 흥분을 감추지 못했다.

마침내 할로 박사는 20년 전에 말하지 못했던 피니어스 게이지의 '회복' 이야기를 털어놓을 수 있었다. 할로 박사는 1868년에 매사추세츠 의학회에 나타나 비밀을 밝혔다.

"이 사례는 지능에 아무런 손상을 입지 않고……. 완전히 회복한 경우로 알려져 있습니다."

하지만 사고를 당하고 나서 피니어스의 성격은 급격히 바뀌었다.

"피니어스 게이지는 학교 교육은 받지 못했지만 분별력이 있고 똑똑하고 수완 좋은 사람이라는 평가를 들었으며, 무슨 일이든 계획을 세워 힘차고 꾸준히 했습니다. 이런 피니어스 게이지의 내면이 사고를 당한 뒤에 철저히 바뀌었습니다. 얼마나 뚜렷하게 변했던지 친구들과 지인들은 '더 이상 피니어스 게이지가 아니다.'라고까지 했습니다."

믿기 힘든 일이지만 피니어스는 쇠막대가 두개골을 뚫고 지나갔는데도 목숨을 잃지 않았다. 이 사건을 기록하기 위해 할로 박사는 1868년에 두개골과 다짐 막대를 나란히 놓고 사진을 찍었다. 글레넌 소장품. 우번 공공 도서관 제공

피니어스 게이지를 따라 81

피니어스는 철도 공사장의 '가장 일 잘하고 능력 있는 반장'에서 어떤 사람과도 잘 지내지 못하는 믿을 수 없는 사람으로 변했다. 달라진 피니어스는 막무가내로 고집을 부리는가 하면 금세 넋 나간 사람처럼 멍해지곤 했다. 할로 박사는 말했다.

"사고 뒤 환자의 상태를 보면 완전히 회복했다고 말할 수 있는 부분은 오로지 육체뿐이라는 것을 알 수 있습니다. 확실히 피니어스의 마음은 완전히 회복되지 않았습니다."

달라진 피니어스는 걸을 수도 있고 말을 몰 수도 있고 배를 타고 칠레까지 갈 수도 있었지만, 중요한 기술 한 가지를 잊어버렸다. 바로 사람들과 같이 사는 법을 잊어버린 것이다.

사회성이라는 것은 측정하기 힘든 능력이다. 사회적 행동은 근육을 정확하게 움직이거나 대화를 올바로 이해하는 능력보다 복잡하다. 사회적 행동은 단순히 예의 바르게 행동하는 것과도 다르다. 예의범절은 학습된 행동이므로 문화마다 크게 다르다. 여러분의 부모님은 여러분에게 밥을 먹거나 처음 보는 사람에게 인사할 때 이렇게 이렇게 해야 '올바르다'라고 가르친다. 하지만 다른 나라의 부모님들은 그 나라에서 '올바른' 방법을 가르친다. 그런데 포크로 먹든 젓가락으로 먹든 손가락으로 먹든, 음식을 입에 넣는 방법에는 '올바른' 방법이 따로 없다. 어떤 방식으로 음식을 먹든 모든 인간은 같은 방식으로 음식을 삼킨다. 음식을 삼키는 것은 자동적인 행동이고, 포크를 사용하는 것은 학습된 행동이다. 그리고 사람들과 함께 밥을 먹을 때 남을 배려하는 것은 사회적 행동이다.

우리는 뇌 속에 브로카 영역이 있어서 말을 하고 베르니케 영역이 있어서 말을 이해할지도 모른다. 하지만 사실 남의 말을 듣는 것은 복잡한 사회적 행동의 하나이다. 우리는 자기도 모르는 사이에 다른 사람의 이야기를 듣는 방법을 배웠다. 눈을 맞추고 눈을 떼는 법, 나직이 맞장구치고 부드럽게 반대하는 법, 알맞은 순간에 웃고 내용이 심각하면 절대 웃지 않는 법을 배웠다. 우리는 감정을 드러내는 (또는 숨기는) 법도 알고 있다. 소리 내어 웃거나 하품을 할 수도 있고, 따분해서 눈알을 굴릴 수도 있고, 즐거워서 눈을 크게 뜰 수도 있다. 이런 행동은 문화에 따라 전혀 다른 의미로 쓰일 수 있지만, 어떤 문화에서나 말을 듣는 행동은 사회적인 행동이다.

인간답게 행동한다는 것은 감정과 행동, 일상적인 습관, 관습, 예의범절, 말, 표정을 누구나 짐작할 수 있는 방식으로 적절하게 표현하는 것이다. 피니어스는 바로 이런 능력을 잃어버린 것 같았다. 철도 건설 현장 일꾼들의 반장 역할은 소리만 크게 지른다고 할 수 있는 일이 아니다. 일꾼들이 반장의 사회적 행동을 '읽을' 수 있게 해야 한다. 일꾼들은 반장이 화가 났는지, 그냥 농담을 하는지, 받아들일 수 있는 지시를 내리는지, 믿을 만한 판단을 내리는지를 알 수 있어야 한다. 반장도 누가 믿음직하고 누가 골칫거리인지 알려면 일꾼들의 사회적 행동을 '읽을' 수 있어야 한다. 사람들의 말에 따르면 예전의 피니어스는 훌륭한 작업반장이었다. 하지만 사고 이후의 피니어스는 그렇지 못했다. 이 모든 변화는 뇌의 특정 부위에 구멍이 뚫렸기 때문에 생긴 것이었다.

20년 전에는, 사고를 당하고도 멀쩡히 살아 있는 피니어스 자신이 중요한 증

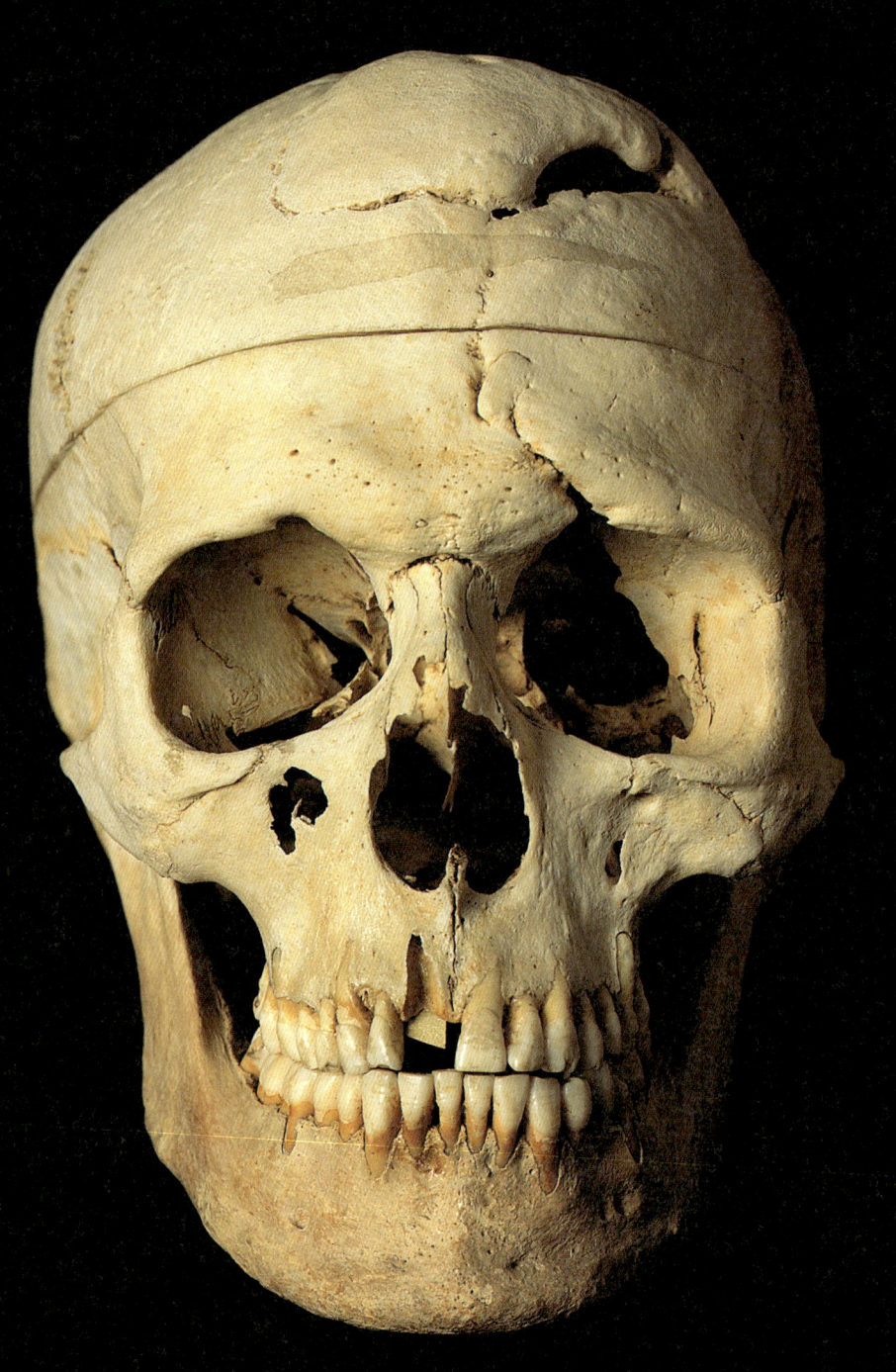

거로서 직접 보스턴의 의사들 앞에 섰다. 그가 죽은 지금, 할로 박사는 결정적 증거인 피니어스의 두개골을 세상에 내놓았다. 박사는 눈썹이 있었던 자리 바로 위를 톱으로 잘라 사람들이 뚜껑처럼 열어 보며 살펴볼 수 있도록 미리 '준비'도 해 두었다. 사람들은 쇠로 만든 다짐 막대가 입 위쪽에 구멍을 내며 지나간 자리를 보았다. 두개골 윗부분은 특히 놀라웠다. 할로 박사가 부러진 뼈 가운데 큰 조각 두 개를 제자리로 밀어 넣은 곳이 있었는데, 가장자리가 다시 자라나 있었기 때문이다. 피니어스의 몸이 부상을 이겨 내고 상처를 치료했다는 명백한 증거였다. 하지만 동전만 한 작은 구멍이 삼각형 모양으로 뚫려 있는 모습도 뚜렷하게 남아 있었다. 다짐 막대가 지나가면서 뼈가 산산조각 났거나 통째로 날아간 곳이었다. 피부로 덮여 있기는 했지만, 피니어스는 정말로 머리에 구멍이 난 채 11년 넘게 살았던 것이다.

마침내 피니어스의 진실이 널리 알려졌다. 하지만 뇌 과학에 관한 논의는 이미 다른 방향으로 나아가고 있었다. 영역파와 전체파의 이론은 실험을 바탕으로 한 뇌 과학으로 교체되었다. 얼마 지나지 않아 뇌의 영역을 찾아내는 방법도 더욱 세밀해졌다. 넓게는 세포에 관한 지식이 쌓이고 좁게는 신경에 관한 지식이 쌓여 뇌를 이해하는 방식이 바뀌었다.

> 피니어스가 죽은 뒤 사람들은 피니어스의 두개골에서 끔찍한 사고가 일어났던 흔적을 똑똑히 볼 수 있었다. 현재 피니어스의 두개골과 다짐 막대, 피니어스가 살아 있을 때 만들어진 석고 두상은 하버드 의과대학에 전시되어 있다. 피니어스의 두개골, 사진: 더그 민들, 하버드 의과대학 카운트웨이 의학 도서관 소장

그러나 피니어스의 진실을 알고 나면 선뜻 대답하기 힘든 질문이 남는다. 뇌에서 소리를 듣거나 숨 쉬는 일을 맡은 곳이 있다면, 인간다운 사회적 행동을 일으키는 곳도 따로 있을까? 만약 그곳을 다치면, 우리는 더 이상 인간이 아닌 것일까?

피니어스를 다시 보다

오늘날 신경학이나 심리학을 배우는 학생들에게 피니어스 게이지는 교과서 같은 존재이다. 피니어스의 사례를 보면 전두엽 피질, 다시 말해 뇌의 두 반구가 만나는 이마 쪽의 피질이 '실행 기능'을 하는 곳임을 알 수 있기 때문이다. 실행 기능이란 예측하고, 결정을 내리고, 사회적으로 상호 작용을 하는 능력 등을 말한다.

유감스럽게도 전두엽 피질에 손상을 입은 사람은 피니어스만이 아니었다. 부부 의사인 안토니오 다마지오와 한나 다마지오는 피니어스와 비슷한 사람들을 자주 보았다. 두 사람은 저명한 뇌 연구자로, 아이오와 대학 병원에서 피니어스처럼 전두엽에 손상을 입은 환자들을 치료해 왔다. 피니어스와 마찬가지로 이런 환자들도 판단을 내리는 능력에 문제가 있었다. 피니어스가 천 달러를 주겠다고 하는데도 조약돌을 팔지 않았듯이, 이 환자들도 논리나 수학 문제는 잘 풀었지만 물건을 사고파는 문제에서는 이상한 선택을 했다. 환자들이 보이는 감정 반응도 종잡을 수 없었다. 환자들은 세상 사람들과 다르게 감정을 느끼는 것 같았다.

다마지오 부부가 치료한 환자들은 발파 사고를 당한 사람들이 아니었다. 대부분 전두엽 피질 깊숙한 곳에 난 종양을 없애고 나서 뇌 손상을 입은 사람들이었다. 이런 뇌 수술은 오직 환자의 목숨을 구하기 위해 마지막으로 쓰는 수단이다. 수술이 잘되더라도 부작용이 생길 위험이 크기 때문이다. 피니어스의 경우에서 알 수 있듯이 전두엽 피질은 조금만 손상을 입어도 사람의 행동과 인격을 완전히 바꿔 놓을 수 있다. 하지만 암 전문 의사들도 때로는 이 방법을 선택할 수밖에 없을 때가 있다.

이런 경우가 흔하지는 않지만, 다마지오 부부는 피니어스 같은 증상을 보이는 환자들을 여러 명 보았다. 모두들 전두엽 피질에 손상이 있었다. 모두 개인적인 문제에서나 사람들과 관련된 문제에서 제대로 판단을 내리지 못했다. 모두 다른 사람의 마음을 거의 이해하지 못했다. 그 환자들에게 감정은 남의 나라 말과 같았다.

다마지오 부부는 현대의 피니어스들을 연구할 때 할로 박사보다 훨씬 발달된 장비를 썼다. 두 사람은 컴퓨터 단층 촬영(CT)(엑스선을 이용해 신체 내부를 촬영하는 기술. 엑스선과 달리 MRI처럼 필요한 지점을 잘라 단면을 관찰할 수 있음: 옮긴이)이나 자기 공명 영상(MRI)을 다 갖추고 있었다.

CT와 MRI는 실제로 뇌에 손을 대지 않고도 뇌를 켜켜이 '잘라서' 건물의 설계도처럼 보여 줄 수 있는 전자 장치이다. 그뿐만 아니라 다마지오 부부는 감정 반응을 알아보는 간단한 실험도 했다. 우리가 느끼는 감정을 측정하기란 쉽지 않지만, 대체로 믿을 만한 신호가 하나 있다. 바로 손바닥에 나는 땀이다. 사람은 '흥분'을 하면 피부가 (손바닥뿐 아니라 모든 곳이) 살짝 따뜻해지면서 땀이 난다. 땀에는 소금이 들어 있고, 소금이 있으면 전기가 잘 통한다. 그래서 사람이 강렬한 감정 반응을 하면 전기가 얼마나 잘 흐르는지를 나타내는 전도율 수치가 '뾰족하게' 올라가게 된다. 경찰에서 쓰는 '거짓말 탐지기'도 같은 원리를 이용하는 기계이다. 물론 다마지오 부부가 찾는 진실은 경찰이 찾는 진실과 종류가 다르지만.

다마지오 부부는 현대의 피니어스들에게 피부 반응을 측정하는 기계를 연결하고 강한 감정을 일으키는 사진, 가령 평화로운 풍경이나 아름다운 여인, 절단된 발 사진 등을 잇달아 보게 했다. 환자들의 피부 반응은 모두 비슷했다. 어떤 사진을 보아도 거의 변화가 없었다. 환자들은 마치 감정이라는 색채가 다 빠져나간 세상에서 살고 있는 듯했다. 다마지오 부부는 또 컴퓨터로 '도박' 게임을 하는 실험도 했다. A, B, C, D라고 이름 붙인 카드 네 벌로 하는 게임이었다. 카드는 모두 조작되어 있었다. 보통 사람들은 이내 A나 B 카드로 게임을 할 때보다 C나 D 카드로 게임을 할 때 더 쉽게 이길 수 있다는 것을 알고 C와 D로 게임을 했다. 그런데 현대의 피니어스들은 왜 C와 D 카드로 더 쉽게 이길 수 있는지 아주 정확하게 설명하면서도 계속 A와 B 카드로 게임을 했다. '몽땅 걸기' 전략보다 '느리지만 꾸준히' 전략이 더 낫도록 조작되어 있다는 사실을 알면서도 '몽땅 걸기' 전략으로 게임을 한 것이다. 이런 선택을 피니어스의 법칙이라고 불러도 될 것 같다.

그렇다면 뇌에서 이런 행동을 담당하는 부분은 어디일까? 할로 박사는 피니어스의 두개골을 얻었을 때 어디가 문제인지 정확히 알아냈다고 생각했다. 이미 뇌는 사라진 지 오래였지만, 할로 박사는 육안 해부학을 공부한 터라 다짐 막대가 왼쪽 전두엽 피질의 맨 앞부분을 지나갔으리라고 짐작할 수 있었다. 그 정도의 대답이면 1868년에는 충분했다. 하지만 현대에는 충분하지 않다.

다마지오 부부는 피니어스 같은 환자들의 뇌 단층 영상을 연구하면서 피니어스의 뇌를 단층 촬영하면 무엇이 보일까 궁금해졌다. 1994년, 한나 다마지오 박사는 영상을 거꾸로 만들어 나가는 방법을 생각해 냈다. 박사는 먼저 하버드 의과대학의 알베르트 갈라부르다 박사에게 하버드 의학 박물관에 있는 피니어스의 두개골을 다시 한번 조사해 달라고 부탁했다.

갈라부르다 박사는 박물관 학예사들이 주의 깊게 지켜보는 가운데 두개골의 엑스선을 찍고, 사진을 찍고, 치수를 다시 쟀다. 그렇게 나온 자료를 디지털 형태로 바꾸어 피니어스의 두개골 특징을 일반적인 인간의 3차원 두개골 영상 위에 겹칠 수 있도록 했다.

한편 다마지오 박사는 아이오와 주 실험실에서 다짐 막대가 들어가면서 생긴 상처와 나오면서 생긴 상처의 위치를 꼼꼼히 표시했다. 그리고 두 상처의 중심

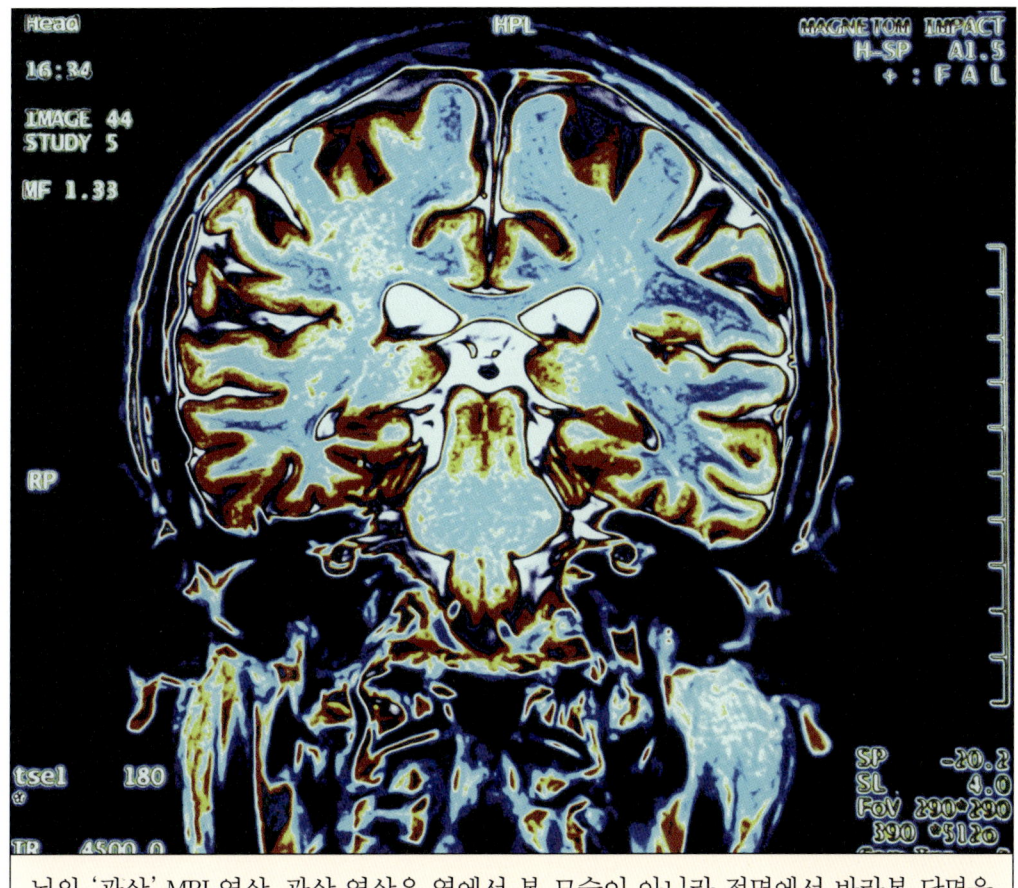

뇌의 '관상' MRI 영상. 관상 영상은 옆에서 본 모습이 아니라 정면에서 바라본 단면을 찍은 것이다. 이 사진에서는 머리의 중간쯤을 찍은 것으로, 윗부분에 대뇌 피질이 있고, 가운데에 뇌량이 있으며, 뇌간이 척추와 이어져 있는 것이 보인다. MRI 뇌 영상: G. 톰킨슨. 타임스페이스 제공

점을 선으로 이어 다짐 막대가 지나간 길을 어림잡았다. 그런 다음 일반인의 3차원 두개골 영상을 피니어스의 머리 모양에 맞게 고쳤다. 그러자 피니어스의 두개골이 컴퓨터 화면에 나타났다. 컴퓨터로 만든 두개골은 마치 손에 들고 있

는 것처럼 이리저리 기울이고 돌려 볼 수도 있었다.

다마지오 박사는 컴퓨터로 다짐 막대를 만들었다. 진짜 다짐 막대는 끝이 뾰족했지만, 컴퓨터로 만든 막대는 둘레가 진짜 다짐 막대의 굵은 밑동만 한 원기둥이었다. 다음으로 다마지오 박사는 단면 영상들을 모아 3차원 모형으로 조립해 주는 브레인복스라는 컴퓨터 프로그램을 사용하여 피니어스의 두개골 속에 뇌 영상을 맞춰 넣었다.

뇌는 아주 작은 공간이라서 다짐 막대가 조금만 빗겨 가도 전혀 다른 결과가 나올 수 있다. 다마지오 박사는 브레인복스로 다짐 막대가 지나갈 수 있는 열여섯 가지 길을 계산했다. 거기서 피니어스의 두개골에 남은 흔적과 맞지 않는 아홉 가지를 뺐다. 다짐 막대는 턱뼈는 건드리지 않았지만 이마 안쪽의 둥근 뼈를 살짝 깎았고, 어금니 하나를 부수었지만 어금니가 박혀 있던 구멍은 망가뜨리지 않았다. 그 경계에서 벗어나는 곳으로는 다짐 막대가 지나갈 수 없었다. 남은 길은 일곱 가지였는데, 그 가운데 두 가지는 중요한 혈관이 잘리는 길로 다짐 막대가 그리로 지나갔다면 피니어스는 곧바로 죽었을 것이다. 그 두 가지를 빼자 다섯 가지 길이 남았다. 다마지오 부부는 그렇게 경우의 수를 좁혀 나가 하나로 만들었다.

> 피니어스의 두개골 그림은 〈사이언스〉 표지에 실렸다. 컴퓨터로 만든 이 영상에는 다짐 막대가 전두엽의 어느 부위를 뚫고 지나갔는지 빨간색으로 정확하게 표시되어 있다. H. 다마지오, T. 그라보프스키, A.M. 갈라부르다, "피니어스 게이지의 귀환: 유명한 환자의 뇌에서 찾은 실마리", 사이언스, 264:1102-1156, 1994, 미국 과학 발달 협회(AAAS) 제공

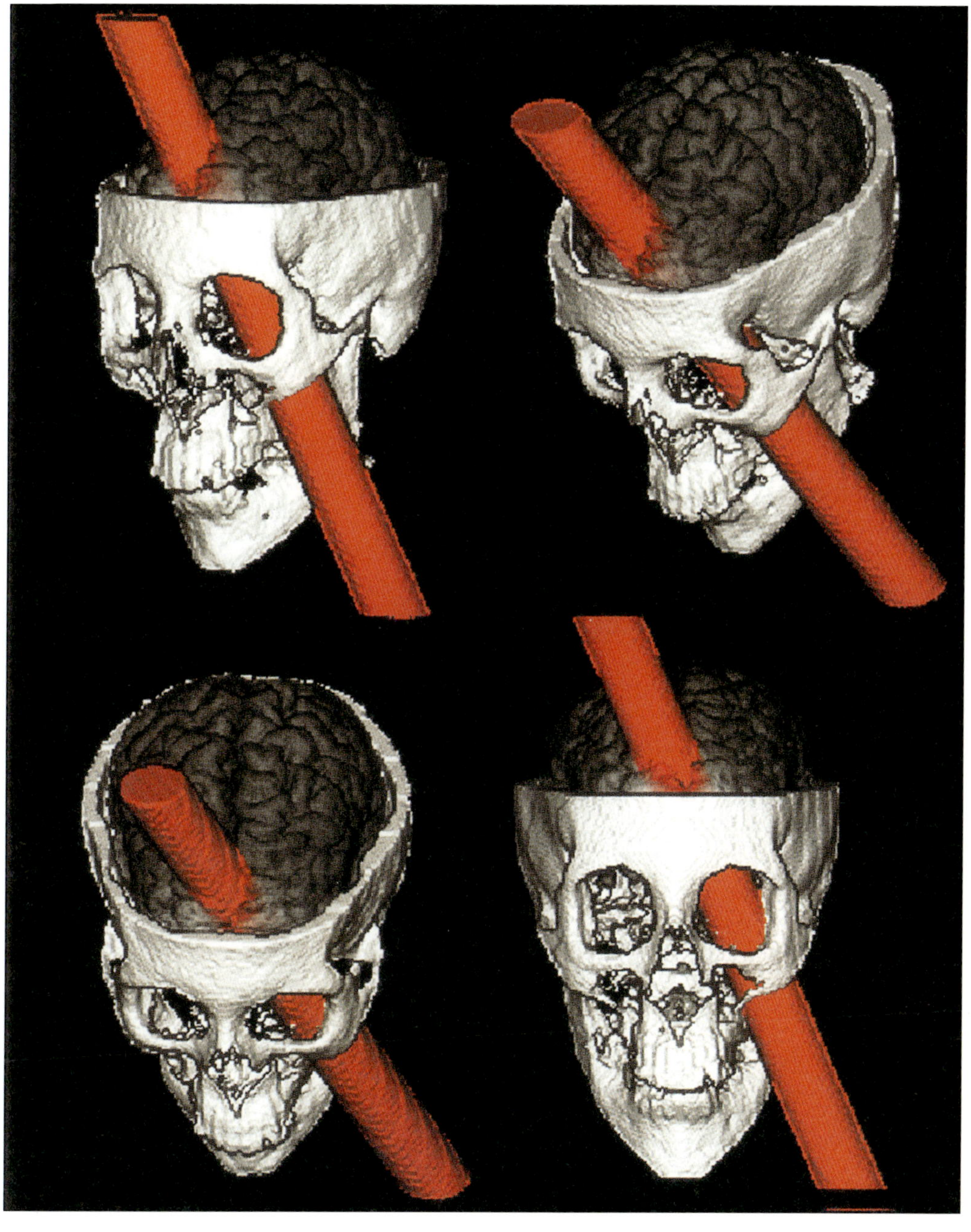

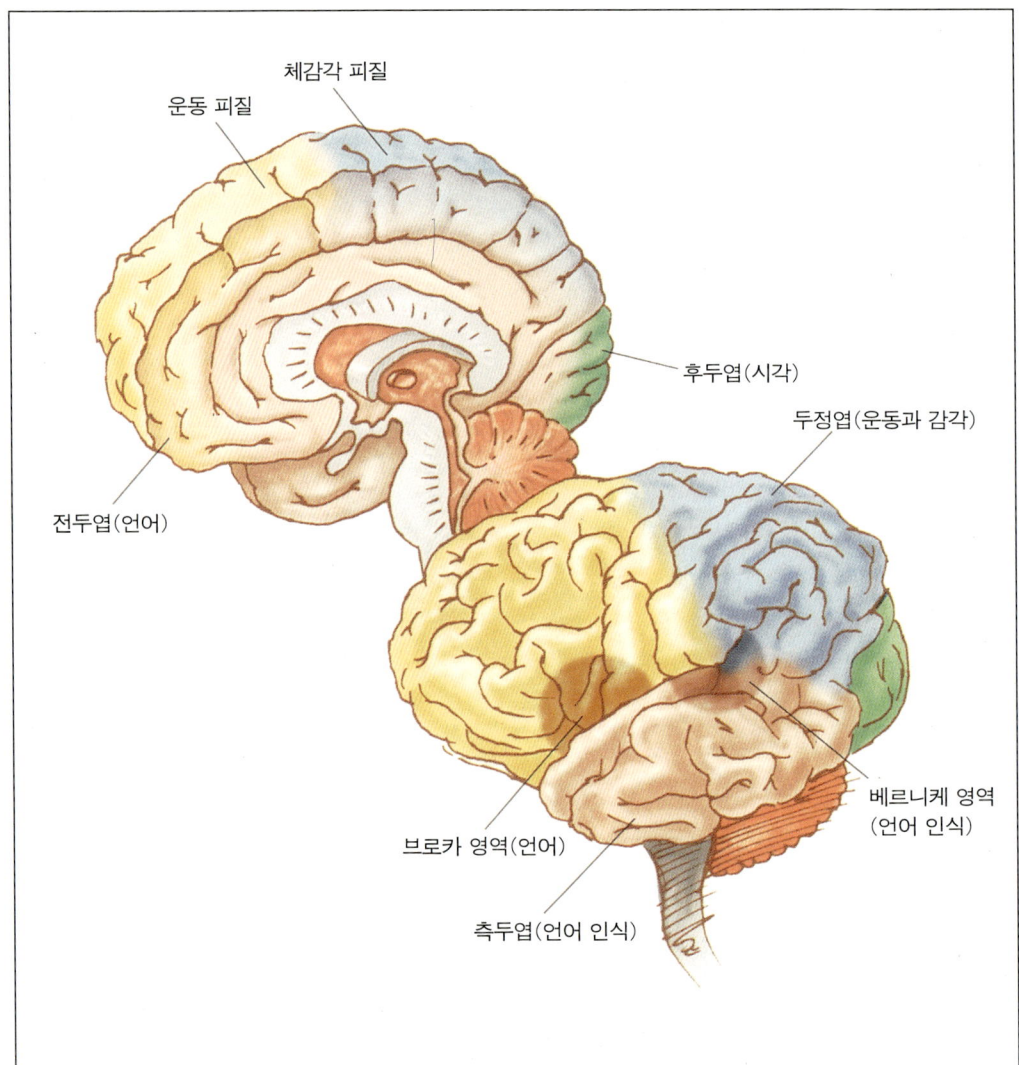

피니어스의 사례가 아주 놀라운 이유는 다짐 막대가 손상을 입힌 곳 때문만이 아니라 손상을 입히지 '않은' 곳 때문이기도 하다. 다짐 막대는 뇌 양쪽에서 중요한 기능을 맡고 있는 여러 핵심 영역을 비켜 갔다. 브로카 영역과 베르니케 영역, 운동 신경대와 체감각 신경대도 무사했다. 그림: 제리 맬론

이 유명한 쇠막대를 자세히 보면 글이 새겨져 있다. "이 쇠막대는 1848년 9월 14일 버몬트 주 캐번디시에서 피니어스 게이지의 머리를 뚫고 지나갔다. 그는 부상에서 완전히 회복한 뒤 하버드 대학교 의과대학 박물관에 이 쇠막대를 기증했다." 아마 할로 박사나 글씨를 새긴 사람이 날짜를 잘못 알고 있었던 것 같다. 사고가 일어난 날은 14일이 아니라 13일이다. 다짐 막대. 사진: 더그 민들, 하버드 의과대학 카운트웨이 의학 도서관 소장

다마지오 부부는 그것을 컴퓨터로 만든 두개골에 빨간 원기둥 막대로 표시했다. 두개골의 윗부분은 열어서 막대가 전두엽 피질을 뚫고 나오는 모습을 보여 주었다. 구멍 뚫린 두개골은 사람들의 눈길을 잡아끄는 영상이었다. 이 브레인복스 영상은 과학 잡지 〈사이언스〉 표지에 실려 화제가 되었다. 뇌신경외과 의사든 초등학교 6학년생이든, 빨간 막대가 꽂힌 피니어스의 머리를 처음 보면 누구나 얼굴을 찡그렸다.

이 두개골을 돌려 여러 각도에서 살펴보면 피니어스가 기막히게 운이 좋았다는 사실을 알 수 있다. 다짐 막대는 아주 가파른 각도로 머리를 관통했다. 그 덕분에 피니어스는 목숨을 건졌고, 그 때문에 모든 것을 잃어버렸다.

다짐 막대는 뇌의 옆쪽과 위쪽에 있는 중요한 영역을 비켜 갔다. 왼쪽 관자놀이께에 있는 브로카 영역이 무사했기 때문에 피니어스는 말을 할 수 있었다. 또

대뇌 피질 위쪽에 있는 두 가지 중요 영역인 운동 신경대와 체감각 신경대도 무사했다.

이 두 영역은 감각 기관에서 들어오는 신호와 근육의 활동을 종합하여 자기 몸이 어디에 있고 어떻게 움직이는지 알려 준다. 이렇듯 피니어스는 균형을 잡을 수도 있고, 집중을 할 수도 있고, 지난 일과 새로운 일을 모두 기억할 수도 있었다.

하지만 다짐 막대는 뇌의 두 반구가 마주 보는 한가운데를 가르며 전두엽을 꿰뚫었다. 다짐 막대는 우반구보다 좌반구에, 전두엽 피질의 뒤쪽보다 앞쪽에, 위쪽보다 아래쪽에 큰 손상을 입혔다. 다마지오 박사는 이런 형태의 손상을 익히 보아 왔다. 컴퓨터로 만들어 낸 피니어스의 뇌는 대뇌 피질 종양 제거 수술을 받은 환자들의 뇌 영상과 똑 닮았던 것이다.

사람들은 늘 인간이 왜 인간인지 논쟁해 왔다. 두 발로 걸을 수 있기 때문에 인간일까? 손으로 도구를 사용할 수 있기 때문에? 언어를 쓰기 때문에? 신을 숭배하기 때문에? 피니어스의 사례를 보면 인간이 인간인 이유는 인간의 전두엽에 다른 사람들과 함께 살 수 있는 능력이 들어 있기 때문인 것 같다. 사람에게는 사람들과 어울려 지낼 수 있는 능력이 '내장되어' 있다. 사람이 그 능력을 잃으면 피니어스처럼 되고 만다. 사고 후에 가장 친한 친구가 다짐 막대였던 피니어스처럼.

피니어스의 두개골과 다짐 막대는 보스턴에 있는 하버드 의과대학에 새 보금자리를 틀었다. 그리고 150년 동안 의과대학 학장실 밖에 전시되어 있다가 지난 2000년에 깨끗이 손질되어 근처에 있는 카운트웨이 의학 도서관으로 옮겨져 새 진열장에 놓였다. 피니어스를 보려면 도서관 안내소에서 허락을 받아야 하지만, 특별한 경우가 아니라면 바로 5층으로 올라갈 수 있다. 거기에 가면 하버드에서 수집한 의학에 관련된 신기한 물건들 사이에서 피니어스를 만날 수 있다.

박물관 학예사에 따르면 스미스소니언 같은 다른 박물관에서 계속 피니어스의 두개골과 다짐 막대를 빌려 달라고 하지만, 이제 다른 곳으로 보낼 수 없다고 한다. 1998년에 한 전시회에 빌려 주었다가 이 하나가 헐거워져서 돌아왔기 때문이다.

그때 피니어스의 두개골은 리무진 뒷자리에 실려 버몬트 주 캐번디시로 갔다. 그곳에서 끔찍한 사고가 일어난 지 150년이 된 것을 기념하는 축제 겸 세미나가 열렸기 때문이다. 전 세계에서 온 심리학자, 외과 의사, 신경학자들이 전두엽 피질 손상을 다룬 학술 논문을 발표했다. 또 전두엽 피질에 손상을 입었거나 병을 앓고 있는 환자들도 휠체어를 타고 참석했다. 이들에게 피니어스는 어떤 표본이나 흥미로운 역사 인물이 아니었다. 피니어스는 같은 고통을 겪었던 동료였다.

행사 마지막에는 마을 잔디밭 광장에서 피니어스를 기리는 제막식을 열었다. 여러분도 버몬트에 가면 화강암에 청동 판을 붙여 만든 기념비를 직접 볼 수 있다. 기념비에는 캐번디시에서 어떤 일이 있었는지, 피니어스에게 어떤 일이 일어났고, 할로 박사가 무슨 일을 했는지 쓰여 있다. 그리고 그 사건 덕분에 뇌에

피니어스가 끔찍한 사고를 당한 지 150년 뒤인 1998년, 버몬트 주 캐번디시에서 피니어스를 기리는 축제와 세미나가 열렸다. 행사의 절정은 기념비 제막식이었다. 이 기념비의 청동 판에는 피니어스가 어떤 일을 겪었고, 그 사건이 뇌 과학에 어떤 영향을 미쳤는지 적혀 있다. 사진: 에이미 플린

대한 인식이 어떻게 바뀌었는지도.

하지만 이 기념비만 보고는 피니어스가 운이 좋았는지 나빴는지 대답할 수 없다. 나는 앞에서 이 책을 다 읽으면 여러분 스스로 판단할 수 있을 것이라고 말했다. 내 생각은 이렇다. 피니어스는 운이 좋았다. 비록 끔찍한 사고를 당하고 전혀 다른 사람이 되기는 했지만, 그 뒤 11년 넘게 피니어스는 새로운 자신으로 사는 법을 찾아냈다. 사람들이 중요하게 여기는 몇 가지 점에서는 부족했

뉴햄프셔 주 공장에서 만든 콩코드 역마차. 피니어스는 이런 역마차를 몰던 칠레에서도, 사고를 당한 버몬트 주에서도, 고향인 뉴햄프셔 주에서도 멀리 떨어진 머나먼 샌프란시스코에서 일생을 마쳤다. 뉴햄프셔 역사학회 제공

지만, 마부 일을 하며 세상을 살아가는 방법을 찾은 것이다. 피니어스는 혼자 힘으로 살아갔고, 세상을 보았다. 마지막에는 가족들에게 둘러싸여 죽음을 맞았다. 예전의 자신과 새로운 자신을 모두 아는 사람들에게 둘러싸여. 게다가 피니어스는 말 여섯 필이 끄는 역마차도 몰았다. 그 마차는 분명 쌩쌩 달렸을 것이다.

낱말 풀이

간질성 발작 뇌 속의 자연스러운 전기 신호 형태가 무너져서 일어나는 발작 장애로 '간질'이라고도 한다.

골상학 뇌의 기능이 세세하게 나누어져 있다는 프란츠 요제프 갈의 생각을 토대로 한 학문. 골상학은 머리에서 튀어나온 부분이나 들어간 부분을 보고 사람의 지성을 점치는 정교한 사이비 과학으로 발전했다.

괴저 혈액 순환이 중단되거나 세균 때문에 비교적 큰 덩어리의 조직이 죽는 현상. 이 증상으로 목숨을 잃을 수도 있다.

기중기 무거운 물건을 들어 올리는 기계.

농양 감염된 신체 조직에서 죽은 세균과 면역 세포가 모여 주머니처럼 부어오른 것.

뇌간 뇌의 밑부분. 척수와 연결되어 호흡, 심장 박동, 반사 반응처럼 무의식적으로 일어나는 신체 작용을 조절한다.

뇌량 대뇌 피질의 좌반구와 우반구를 연결하는 뉴런 다발.

뇌파계(EEG) 뇌 속의 전기 신호를 그림으로 나타내는 장치.

뉴런 전기 자극이나 화학 자극을 전달하는 신경 세포.

다짐 막대 쇠지레와 비슷하게 생긴 도구. 다이너마이트가 발명되기 전에 건설 현장에서 화약을 장착할 때 썼다.

대뇌 종렬 대뇌 피질의 좌반구와 우반구를 나누는 세로로 길게 나 있는 홈.

두정엽 대뇌 피질의 가운데 부분. 머리 위쪽에 있다.

미생물 하나나 적은 수의 세포로 이루어진 아주 작은 생물. 현미경으로만 볼 수 있다.

발작 자기 의지와 상관없이 갑자기 근육이 경련하는 현상. 주로 뇌의 정상적인 전기 신호 체계에 혼란이 생길 때 일어난다. 발작 자체는 질병이 아니라 하나의 증상이다.

발효 살아 있는 효모균이 당분을 알코올과 이산화탄소로 분해하는 것.

부패증 세균에 심각하게 감염된 증상.

실어증 말을 할 수 없는 상태. 보통 다치거나 병에 걸려 전두엽의 브로카 영역에 손상을 입었을 때 나타난다.

세균 지구 상의 거의 모든 환경에서 살 수 있는 단세포 미생물. 생물의 몸속에도 살고 있다. 유기물을 분해하고 빵을 발효시키는 등 사람에게 이로운 역할을 많이 하며, 질병을 일으키는 병원성 세균의 가짓수는 많지 않다.

소뇌 머리 뒤쪽 후두엽 아래에 있는 뇌의 한 부분. 몸의 균형이나 근육의 긴장을 자동으로 조절한다.

수용성 실어증 다른 사람의 말을 이해할 수 없는 상태. 주로 대뇌 피질 측두엽의 베르니케 영역이 손상되었을 때 나타난다.

시냅스 한 뉴런의 축삭 돌기와 다른 뉴런의 수상 돌기 사이에 있는 작은 공간. 시냅스는 신경 전달 물질이라는 화학 신호로 이어진다.

신경 전달 물질 뉴런 사이의 시냅스를 가로질러 신경 자극을 전달하는 화학 신호.

에테르 유기 화합물의 한 종류를 통틀어 이르는 말. 최초의 마취 수술에 쓰였던 '에테르'는 황산과 에탄올로 만든 화합물이었다. 수술을 받을 환자가 에테르를 맡으면 금방 잠들었지만, 부작용이 많아서 곧 다른 약품으로 교체되었다.

연쇄상 구균 널리 분포하는 병원성 세균의 한 종류. 특히 폐와 소화관에 감염을 일으킬 수 있다.

적혈구가 연쇄상 구균에 감염되면 성홍열이나 류머티즘열에 걸릴 수 있다. '연쇄 구균'이라고도 한다.

은판 사진 금속판을 이용하여 실제와 명암을 똑같이 찍은 사진. 1860년대에 들어 유리판과 콜로디온 용액을 이용하여 명암이 뒤바뀐 영상을 만드는 유리판 사진으로 교체되었다.

저체온증 체온이 정상보다 낮아진 상태.

전두엽 대뇌 피질의 앞부분.

척수 뇌간에서 몸으로 내려가는 신경 다발. 낱낱의 등골뼈(추골)로 이루어진 유연한 등뼈(척추)가 보호하고 있다. 인간처럼 척수가 있는 동물을 척추동물이라고 한다.

측두엽 대뇌 피질의 한 부분. 머리의 옆쪽에 있다.

파스퇴르의 병원체 이론 루이 파스퇴르가 밝혀낸 이론으로, 병원체라는 살아 있는 병원성 세균이 수많은 질병을 일으킨다는 이론. 파스퇴르는 발효와 부패가 미생물의 작용이라는 사실도 밝혀냈다.

포도상 구균 널리 분포하는 세균의 한 종류. 주로 상처 감염이나 식중독으로 병을 일으키는 병원성 세균이다. '포도 구균'이라고도 한다.

페놀 냄새가 강하고 물체를 부식시키는 독성 화학 물질. 한때 살균제로 쓰였다.

페니실린 전 세계에서 널리 쓰이는 최초의 항생제. 질병의 원인이 되는 병원성 세균을 공격해 활동을 중지시킨다. 흔히 볼 수 있는 푸른곰팡이 종류에서 자연적으로 생긴다.

혈뇌장벽 혈관과 신경 세포 사이의 반투과성 장벽으로 물질의 통과를 조절한다.

후두엽 대뇌 피질의 뒷부분. 머리 뒤쪽에 있다.

참고 자료

- 안토니오 다마지오Antonio Damasio, 《데카르트의 오류: 감정, 이성, 인간의 뇌Descartes' Error: Emotion, Reason, and the Human Brain》 New York: Grosset/Putnam, 1994. 다마지오 박사가 의학 전문가가 아닌 일반 독자를 위해 쓴 책으로, 사고에 대한 생각이 어떻게 발전했는지 서술한다. 피니어스 게이지의 사례를 따로 다룬 장이 있다.

- 앤서니 코마로프Anthony Komaroff, 《하버드 의과대학 가정 건강 길잡이Harvard Medical School Family Health Guide》 New York: Simon & Schuster, 1999. 일반 독자를 위해 쓴 두툼한 의학 참고서. 뇌가 무슨 일을 어떻게 하는지 알 수 있는 삽화와 쉽게 이해할 수 있는 의학 정보가 많다.

- 맬컴 맥밀런Malcolm Macmillan, 《기묘한 명성: 피니어스 게이지 이야기An Odd King of Fame: Stories of Phineas Gage》 Cambridge: MIT Press, 2000. 피니어스 게이지 사례에 대한 세계 최고 권위자가 우리의 궁금증을 모두 풀어 준다. 존 마틴 할로와 헨리 제이콥 비글로가 쓴 의학 보고서의 복사본과 당시 신문에 실렸던 기사도 실려 있다.

- 피니어스 게이지나 뇌 과학에 관한 정보를 찾아보기에 가장 좋은 인터넷 사이트는 '어린이를 위한 신경 과학Neuroscience for Kids'(http://faculty.washington.edu/chudler/neurok.html)이다. 시애틀 워싱턴 대학교의 신경 과학 연구원인 에릭 처들러 박사가 어린이들도 뇌 과학계의 최신 소식과 정보를 접할 수 있도록 만들었다. 어린이들이 좋아할 만하면서도 무척 유용한 사이트이다. 간단한 신경학 실험, 예를 들어 자기가 '어떤 손잡이'인지 알아보는 실험 등을 직접 해 볼 수도 있다. 물론 이런 실험은 뇌 수술을 하지 않고도 할 수 있다. 과학 교사들도 자료와 생각할 거리를 많이 찾아낼 수 있을 것이다.

- 피니어스 게이지에 관해 내가 알고 있는 사실은 이 책에 거의 다 써넣었다. 하지만 늘 새로운 소식에도 귀를 기울이고 있으니, 작가에게 연락하려면 jfleischman@ascb.org로 이메일을 보내기 바란다.

옮긴이의 말

뇌 과학의 세계를 여행하는 흥미로운 길잡이

이 책의 주인공 피니어스 게이지는 1848년 어느 날, 믿기지 않는 놀라운 사건에 휘말렸다. 철도 건설 현장에서 폭발 사고가 일어나 길이 1미터가 넘는 쇠막대가 머리를 관통한 것이다. 피니어스는 머리뼈에 구멍이 뚫리는 심각한 부상을 입었지만, 놀랍게도 목숨을 잃지 않았다. 그뿐만 아니라, 피니어스는 몇 달 뒤 건강한 몸으로 일터로 돌아와 예전처럼 일했다. 하지만 더욱 놀라운 일이 일어난 것은 그때부터였다. 겉보기에는 멀쩡했지만, 피니어스는 완전히 다른 사람이 되어 있었다. 성실하고 믿음직했던 청년이 변덕스럽고 난폭한 사람으로 변해 버린 것이다. 결국 피니어스는 일터에서 쫓겨났고, 그 뒤로도 평생 동안 다른 사람들과 어울려 지내지 못했다. 대체 피니어스가 그토록 급격하게 변한 이유는 무엇일까?

《쇠막대가 머리를 뚫고 간 사나이》는 그 물음에 대답하는 책이다. 이 책은 사고 당시부터 11년 뒤 피니어스가 죽을 때까지 피니어스의 삶을 추적하며 피니어스 사건이 과학과 의학의 발달에 어떤 영향을 미쳤는지 이야기한다. 책은 크게 네 부분으로 나누어져 있다. 첫 장에서는 사고 당시의 상황과 치료 과정을 자세히 설명하고, 두 번째 장에서는 피니어스를 둘러싼 학자들의 논쟁을 다룬다. 세 번째 장에서는 사고 이후 피니어스의 삶을 따라가며 인간의 본질에 대해 질문하고, 마지막 장에서는 오늘날 피니어스 사건이 어떻게 다루어지고 있는지 이야기한다.

이 책의 훌륭한 점은 자칫 흥미 위주로 흐를 수 있는 소재를 자극적으로 다루지 않고 과학적인 시선으로 진지하게 접근했다는 것이다. 저자 존 플라이슈만은 전문 자료를 바탕으로 확인된 사실과 그렇지 않은 이야기를 확실히 구별하며, 담담하면서도 친근한 문체로 깊이 있는 내용을 알기 쉽게 설명한다. 또 뇌의 구조와 기능에서부터 초기의 뇌 이론, 19세기의 의술, 세균과 감염, 골상학에 이르기까지 풍부한 지식을 차근차근 체계적으로 엮어 냈다. 그래서 이 책은 피니어스 게이지라는 한 인물의 전기로도, 뇌와 인간의 본성을 탐구하는 과학책으로도, 19세기 의학과 사람들의 생활을 엿볼 수 있는 역사책으로도 재미있게 읽힌다.

더불어 이 책은 중요하고 흥미로운 생각거리도 많이 던져 준다. 그중 하나는 '인간은 왜 인간일까?'라는 물음이다. 이 책에 따르면 피니어스가 사고를 당하고 갑자기 난폭하게 변한 까닭은 뇌의 전두엽을 다쳤기 때문이다. 전두엽은 판단이나 계획, 사회적 상호 작용 같은 고도의 기능을 실행하는 곳이다. 피니어스는 바로 그곳을 다쳐서 사회성이라는 인간의 주요한 성질을 잃어버렸다. 피니어스의 사례를 본다면 뇌 과학이 인간은 왜 인간일까라는 질문에 하나의 대답을 줄 수 있지 않을까?

또 하나, 이 책의 밑바닥에 깔린 중요한 생각은 지금 우리가 당연하게 여기는 상식이 처음부터 당연하게 받아들여지지는 않았다는 것이다. 19세기 의사들은 세균이 병을 옮긴다고는 꿈에도 생각하지 않았고, 골상학자들은 지금의 과학으로 볼 때 터무니없는 이론을 믿었다. 현재 과학적이고 객관적으로 입증된 사실과 이론들은 그와 같은 시행착오를 거쳐 쌓아 온 것이다. 그렇다면 지금 우리가 당연하다고 믿고 있는 지식도 앞으로 얼마든지 변할 수 있지 않을까? 이 책은 과학이 끊임없이 변화하는 학문이라는 사실을 알려 준다.

저자인 존 플라이슈만은 과학 전문 저술가로 활동하며 여러 잡지에 글을 싣고 있다. 이 책 《쇠막대가 머리를 뚫고 간 사나이》는 플라이슈만이 하버드 의과대학에서 일하는 동안에 썼다. 하버드 의과대학은 피니어스 게이지의 두개골을 소장하고 있는 곳이다. 실제로 플라이슈만의 사무실은 의과대학 박물관에서 1킬로미터도 떨어지지 않은 곳에 있었고, 주변 사람들 모두 피니어스의 이야기를 알고 있었다고 한다. 그래서인지 이 책은 마치 피니어스를 잘 아는 친구가 쓴 것처럼 친밀하고 생생하다. 저자는 피니어스를 뇌 과학계의 흥미로운 사례 이전에 불행을 극복하고 혼자 힘으로 살아간 한 인간으로 바라본다. 그 따뜻한 시선 덕분에 더욱 친숙하고 흥미롭게 뇌 과학의 세계를 탐구할 수 있다.

이 책은 2003년 미국 도서관협회에서 선정하는 '주목할 만한 어린이 책'과 '우수 청소년 도서'에 이름을 올렸으며, 미국 영어교사협회에서 수여하는 '오르비스 픽투스 우수 논픽션' 영예상을 받았다. 평론가들은 이 책을 흥미진진한 소재에 전문 지식을 잘 결합한 재미있고도 유익한 책이라고 평가했는데, 풍부한 사진과 그림, 현장감이 느껴지는 생생한 글 솜씨는 독자들의 지적 호기심을 충족시키기에 충분하다. 어린이 책 서평지 〈파이브 아울스〉는 '한번 펼치면 덮기 힘든 책'이라고 호평했다. 이 책이 독자 여러분에게 흥미로운 뇌 과학의 세계를 여행하는 길잡이가 되길 바란다.

2011년 7월 옮긴이

감수의 글

뇌에 대한 올바른 기초 상식을 제공해 주는 책

현대 정신 의학에서도 뇌 과학 분야는 가장 활발히 연구되고 발전을 거듭하고 있는 분야이다. 뇌 과학 연구의 지평은 바로 피니어스 게이지에 의해 열렸다고 해도 지나친 말이 아니다. 뇌 연구의 중요성은 교통사고나 뇌종양 환자가 뇌 손상 이후 성격이 바뀌고 말기 치매 환자가 인간성을 상실한 것과 같은 행동을 하는 등, 피니어스 게이지와 유사한 증상을 보이는 환자들에 의해 부각되었다. 예로부터 철학과 의학에서 마음이 어디에 존재할까에 대해 지대한 관심을 가져왔다. 대체로 심장에 있다고 믿어 왔지만 히포크라테스가 처음으로 뇌에 있다고 주장한 이후 제대로 된 연구가 시작된 것은 불과 100여 년 남짓하다. 그것도 1, 2차 세계 대전으로 뇌 손상을 당한 군인들을 통하여 이루어졌는데, 그것은 어디까지나 신경해부학 수준에 머물렀다. 그러나 지금은 CT, MRI, PET 등 간접적 뇌 관찰법이 등장하고 전자현미경에 의해서 신경생화학적 연구가 진전을 보이면서 뇌 과학은 보다 정밀하게 발전을 거듭하고 있다.

인체 가운데 가장 정교한 사령탑인 뇌는 1000억 개의 신경 세포가 각각 수천 개의 손을 내밀어 이웃 신경 세포와 연결되어 거대한 그물망과 같은 시스템을 형성하고 있다. 생명 현상의 기본인 호흡, 심장, 박동, 혈압, 체온 등을 관장하는 기관도 뇌이고, 기쁠 때 기뻐할 줄 알고 슬플 때 슬퍼할 줄 알게 하는 것도 뇌이다. 고등 수리 능력이나 분석적 사고, 추상적 논리, 직관적 판단, 통합적 사유 등이 가능한 것도 뇌 덕분이고 사회적 인간관계를 맺게 하는 것도 뇌이다. 이 책은 뇌에 대한 올바른 기초 상식을 제공하여 줄 것이다.

2011년 7월 최훈동(서울대학교 의과대학 겸임교수)

찾아보기

J.D.B. 스틸먼 79, 80
P.T. 바넘 61-64

ㄱ

간질성 발작 70-72
감염 22, 23, 25, 27, 29, 30
    정의 27
    괴저 25
    신호 30
    증상 22, 25
감정 41, 44, 51, 83, 88, 89
개방성 뇌 손상 22
고름 30
골상학 머리 도표 52, 53, 77
골상학 51-59, 77
    정의 51
    이론 52-54
구토제 31
극미 동물 24, 25
근육 세포 47

ㄴ

넬슨 사이저 56
농양 30
뇌 12, 15, 20-23, 38, 40, 41, 44-56, 64, 70-77, 83-97
    혈뇌장벽 23
    뇌 속의 혈액 온도 73
    기능 영역 51
    주요 구조 42-43
    뉴런 수 47, 48

시냅스 연결 49
    무게 44
뇌간 42, 44-46, 50, 54, 91
    정의 44
    기능 44
    위치 42
    뉴런 46
뇌량 42, 43, 46, 54, 91
    정의 46
    기능 46
    위치 42, 43
뇌졸중 75
뇌진탕 22
뇌파계(EEG) 52
뉴런 46-50, 58
    정의 46
    세부 설명 48
    기능 48
    뇌 속의 뉴런 수 50
    척수 속의 뉴런 수 50
    구성 체계 58

ㄷ

다짐 막대 13-15, 18-21, 33, 38, 40, 42, 50, 52, 54, 56, 58, 60-62, 64, 68, 69, 79-81, 85, 90-97
    현재 보관되어 있는 곳 69
    정의 13
    생김새 13
    피니어스의 머리를 뚫고 지나간 길 19
대뇌변연계 42

대뇌 피질 18, 42-47, 50, 51, 54, 58, 91, 95, 96
    기능 영역 44, 45
    뉴런 46
    구조 42, 43, 44
대뇌 종렬 43, 46
데이비드 섀턱 69, 79, 80
두정엽 45, 46, 94
    정의 46
    위치 45, 94

ㄹ

로럴 힐 공동묘지 73
로버트 훅 23, 24, 26, 47
루이 파스퇴르 27

ㅁ

마비 50
마취법 38, 39
마티아스 슐라이덴 47
매사추세츠 의학회 80
면역 체계 27-30
미국 골상학 저널 56
미생물 25, 27
    정의 25
    발견 25
    파스퇴르의 연구 27

ㅂ

발작 70-73
발효 27
백혈구 30
버몬트 주 캐번디시 기념비 97, 98
베르니케 영역 76, 77, 83, 94
병원체 27, 29
보스턴 의학 개선 협회 36
보스턴 의학 외과학 저널 31
부패증 25
브레인복스 92, 95
브로카 영역 75-77, 83, 94, 95

ㅅ

사이언스 92, 95
사회적 행동 82, 83, 86
성욕 기관 54
세균 23, 25, 27, 29, 30, 38, 41
    정의 25
    감염 25
    포도상 구균 25, 27
    연쇄상 구균 25, 27
세포 23-27, 47-49, 70, 85
소뇌 42, 44-46, 50, 54
    정의 44
    기능 44
    위치 42, 45
    뉴런 46
쇠지레 13
수상 돌기 48, 49
수술 25, 27, 29, 38, 88, 96
수용성 실어증 76
시냅스 48-50

신경 세포 47-49, 70
신경 전달 물질 48, 49
실어증 75, 76

아리스토텔레스 41
안톤 판 레이우엔훅 23, 24, 25
안토니오 다마지오 87
애벗 다우닝사 65
알베르트 갈라부르다 90
앨턴 블래킹턴 62
에드워드 윌리엄스 18
에테르 38, 39
에테르 돔 38
연쇄상 구균 25, 27-29
영역파 51, 52, 56, 58, 85
　　　주장 이론 51
　　　이론 증거 52
우반구 43, 45, 46, 96
운동 피질 94
육안 해부학 41, 45, 90
은판 사진 34, 38

자기 공명 영상(MRI) 54, 89
자비심 기관 52, 58
자식애 기관 54
자전거 헬멧 44
저체온증 72
전두엽 18, 45, 46, 50, 75-77, 87, 88, 90, 92, 94-97
　　　손상 50, 75, 77, 87, 88, 97
　　　정의 46
　　　기능 87
　　　위치 45, 94
전체파 51, 54, 58, 59, 76, 77, 85
　　　주장 이론 51
　　　이론의 증거 51
제임스 맥길 65
조사이어 호스 38
조지프 리스터 27
조지프 애덤스 17
존 할로 17, 20-22, 29-36, 40, 56, 64, 72, 75, 77-80, 82, 85, 88, 90, 95
존경심 기관 52, 58
종양 71, 88, 96
좌반구 43, 45, 46, 96

ㅊ

척수 44, 46, 48, 50, 54
　　　뇌간과 척수 54
　　　절단 50
　　　정의 44
　　　뉴런 48
체감각 피질 94
체액 30, 31, 33, 72
축삭 돌기 48, 49
축삭 돌기 말단 48, 49
측두엽 45, 46, 76, 94
　　　정의 46
　　　위치 45, 94

카를 베르니케 75, 76
컴퓨터 단층 촬영(CT) 88, 89
콩코드 역마차 66, 68, 99

테오도어 슈반 47

ㅍ

파스퇴르의 병원체 이론 27
페놀 29
페니실린 27
폐쇄성 뇌 손상 22
포도상 구균 25, 27, 29
　　위험성 27, 29
　　정의 25
폴 브로카 73, 76
프란츠 요제프 갈 41, 51
피니어스 게이지 석고 두상 16, 17, 85
피니어스 게이지 두개골 17, 59, 79, 80, 85, 90-97
피비 섀턱 69
피질 영역 58
피질하 핵 58

하버드 의과대학 33, 36, 51, 59, 60, 90, 96
하제 31
학습된 행동 82

한나 다마지오 87, 90
항경련제 71
항생제 27, 29
해부 42, 76
헨리 J. 비글로 33, 36, 38-41, 51, 54, 59, 60, 79
현미경 23-26, 28, 42, 46, 47, 49, 50
혈뇌장벽 23
후두엽 45, 46, 94
　　정의 46
　　위치 45, 94

* 57페이지 도자기 흉상

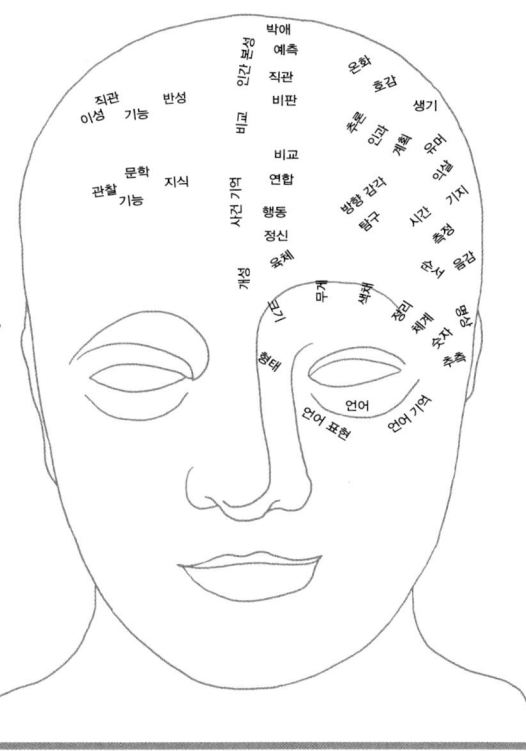

지은이 존 플라이슈만

존 플라이슈만은 어린이와 어른을 위한 책을 집필하는 미국의 과학 전문 작가이다. 하버드 의과 대학에서 과학 기자로 일했고, 라디오 방송의 과학 프로그램을 진행했다. 현재 〈디스커버〉, 〈스미스소니언 항공 우주〉 같은 여러 과학 출판물에 글을 쓰며, 미국 세포생물학회의 과학 기자로 활동하고 있다.

하버드 의과대학 대외 홍보부에서 일하던 때에 쓴 《쇠막대가 머리를 뚫고 간 사나이》는 작가가 어린이를 위해 쓴 첫 번째 논픽션 책으로, 한 철도 노동자가 쇠막대가 머리뼈를 관통하는 사고를 겪고도 살아남은 거짓말 같은 이야기를 딱 부러지면서도 실감 나게 들려준다. 이 책은 뇌 과학의 교과서라는 평을 들으며 2003년 미국도서관협회 주목할 만한 어린이 책과 우수 청소년 도서에 선정되었고, 같은 해 오르비스 픽투스 우수 논픽션 영예상을 수상했다. "과학은 엄청나게 중요한 학문이지만 그 자체로는 사람들이 정확하게 이해하기 힘들기 때문에 '과학'을 보통 사람들이 쓰는 언어로 쉽게 표현하기 위해 노력한다."는 작가는 《흑인 비행사와 백인 비행사: 그들의 진짜 생애》, 《세기 중반의 도시》, 《공짜 & 공공》, 《오하이오의 땅》 등 여러 권의 책을 썼다.

옮긴이 햇살과나무꾼

동화를 사랑하는 사람들의 모임으로 세계 곳곳에 묻혀 있는 좋은 작품들을 찾아 우리말로 소개하고, 어린이의 정신에 지식의 씨앗을 뿌리는 책을 집필한다. 《학교에 간 사자》, 《멋진 여우 씨》, 《장화가 나빠》, 《시튼 동물기》, 《소년 탐정 칼레》 들을 우리말로 옮겼으며 《석기 시대로 떨어진 아이들》, 《가마솥과 뚝배기에 담긴 우리 음식 이야기》, 《세계 지도를 바꾼 탐험가》 들을 썼다.

감수 최훈동

서울대학교 의과대학을 졸업하고, 서울대학교병원 신경정신과 수련의를 거쳐 정신과 전문의가 되었다. 백산신경정신과의원 원장, 한림의대 외래교수, 밝은마음 김포병원 원장을 역임하였으며, 현재는 서울대학교 의과대학 겸임교수, 한별정신병원 원장, 한별심리분석연구소 연구원장으로 있다.

* **표지 두개골 사진**: 더그 민들, 하버드 의과대학 카운트웨이 의학 도서관 소장
* **뒤표지 석고 두상 사진**: 더그 민들, 하버드 의과대학 카운트웨이 의학 도서관 소장